Tracing & Writing

Traditional Chinese Characters in Sentences

(3 stories)

person

Workbook for Learning Chinese The Easy Way level 1 books

Sam Song   Cheryl Song

Publicity

To request the author for an interview or for an appearance at an event
(conference, speaking engagement, etc.), please email
samsong.author@msa.hinet.net

This book is the companion workbook
to trace and write Traditional Chinese characters and sentences in 3 stories
for Sam Song's Level 1 books (www.discoverchinese.cn):
1. Two Men and The Bear
2. The Wind and The Sun
3. The Fox and The Goat

二人看到一隻熊，一人立刻爬上樹，另
èr rén kàn dào yì zhī xióng ， yì rén lì kè pá shàng shù ， lìng

一人馬上倒下裝死。熊用鼻子在他的臉
yì rén mǎ shàng dǎo xià zhuāng sǐ 。 xióng yòng bí zǐ zài tā de liǎn

上聞了聞，就走了。躲在樹上的人下來
shàng wén le wén ， jiù zǒu le 。 duǒ zài shù shàng de rén xià lái

了，問："熊說了什麼?" 答："熊說：
le ， wèn " xióng shuō le shén me ?" dá " xióng shuō ：

自私的人逃的快，不是好朋友。"
zì sī de rén táo de kuài ， bú shì hǎo péng yǒu 。 "

Two people saw a Bear. One person immediately climbed into a tree. The
other person immediately and purposely fell over down upon the ground to
play dead. The Bear put its nose to his face, and sniffed briefly. Then the
bear went away. Coming down from the tree, the person asked
"What did the Bear say to you?" Answered, "The Bear said that the selfish
person fled away fast. He is not a good friend."

Characters also learned in the story:

三目土至能　　刀巴爪木力　　口歹衣蔔中
sān mù tǔ zhì néng　　dāo bā zhǎo mù lì　　kǒu dǎi yī bo zhōng

自田子女也　　他她白勺戈　　你心您門們
zì tián zǐ nǚ yě　　tā tā bái sháo gē　　nǐ xīn nín mén men

月弓耳犬尤　　京身言十林　　森麻禾竹筷
yuè gōng ěr quǎn yóu　　jīng shēn yán shí lín　　sēn má hé zhú kuài

日正戈
rì zhèng gē

二	人	看	到	一
二	人	看	到	一
隻	熊	一	人	立
隻	熊	一	人	立

二	人	看	到	一	隻	熊	一	人	立
二	人	看	到	一	隻	熊	一	人	立
二	人	看	到	一	隻	熊	一	人	立
二	人	看	到	一	隻	熊	一	人	立

刻 爬 上 樹 另 一 人 馬 上 倒

刻 爬 上 樹 另 一 人 馬 上 倒

刻 爬 上 樹 另 一 人 馬 上 倒

刻 爬 上 樹 另 一 人 馬 上 倒

刻 爬 上 樹 另 一 人 馬 上 倒

下	裝	死	熊	用
下	裝	死	熊	用
鼻	子	在	他	臉
鼻	子	在	他	臉

下	裝	死	熊	用	鼻	子	在	他	臉
下	裝	死	熊	用	鼻	子	在	他	臉
下	裝	死	熊	用	鼻	子	在	他	臉
下	裝	死	熊	用	鼻	子	在	他	臉

上	聞	了	聞	就
上	聞	了	聞	就
走	了	躲	在	樹
走	了	躲	在	樹

上	聞	了	聞	就	走	了	躲	在	樹
上	聞	了	聞	就	走	了	躲	在	樹
上	聞	了	聞	就	走	了	躲	在	樹
上	聞	了	聞	就	走	了	躲	在	樹

上	的	人	下	來
上	的	人	下	來
了	問	熊	說	了
了	問	熊	说	了

上	的	人	下	來	了	問	熊	说	了
上	的	人	下	來	了	問	熊	说	了
上	的	人	下	來	了	問	熊	说	了
上	的	人	下	來	了	問	熊	说	了

什	麼	答	熊	說
什	麼	答	熊	說
自	私	的	人	逃
自	私	的	人	逃

什	麼	答	熊	說	自	私	的	人	逃
什	麼	答	熊	說	自	私	的	人	逃
什	麼	答	熊	說	自	私	的	人	逃
什	麼	答	熊	說	自	私	的	人	逃

的	快	不	是	好
的	快	不	是	好
朋	友			
朋	友			

的	快	不	是	好	朋	友		
的	快	不	是	好	朋	友		
的	快	不	是	好	朋	友		
的	快	不	是	好	朋	友		

三	目	土	至	能
三	目	土	至	能
刀	巴	爪	木	力
刀	巴	爪	木	力

三	目	土	至	能	刀	巴	爪	木	力
三	目	土	至	能	刀	巴	爪	木	力
三	目	土	至	能	刀	巴	爪	木	力
三	目	土	至	能	刀	巴	爪	木	力

口	歹	衣	卜	中
口	歹	衣	卜	中
自	田	子	女	也
自	田	子	女	也

口	歹	衣	卜	中	自	田	子	女	也
口	歹	衣	卜	中	自	田	子	女	也
口	歹	衣	卜	中	自	田	子	女	也
口	歹	衣	卜	中	自	田	子	女	也

他	她	白	勺	我
他	她	白	勺	我
你	心	您	門	們
你	心	您	門	們

他	她	白	勺	我	你	心	您	門	們
他	她	白	勺	我	你	心	您	門	們
他	她	白	勺	我	你	心	您	門	們
他	她	白	勺	我	你	心	您	門	們

月	耳	弓	犬	尤
月	耳	弓	犬	尤
京	身	十	言	林
京	身	十	言	林

月	耳	弓	犬	尤	京	身	十	言	林
月	耳	弓	犬	尤	京	身	十	言	林
月	耳	弓	犬	尤	京	身	十	言	林
月	耳	弓	犬	尤	京	身	十	言	林

森	麻	禾	竹	筷
森	麻	禾	竹	筷
日	正	戈		
日	正	戈		

森	麻	禾	竹	筷	日	正	戈	
森	麻	禾	竹	筷	日	正	戈	

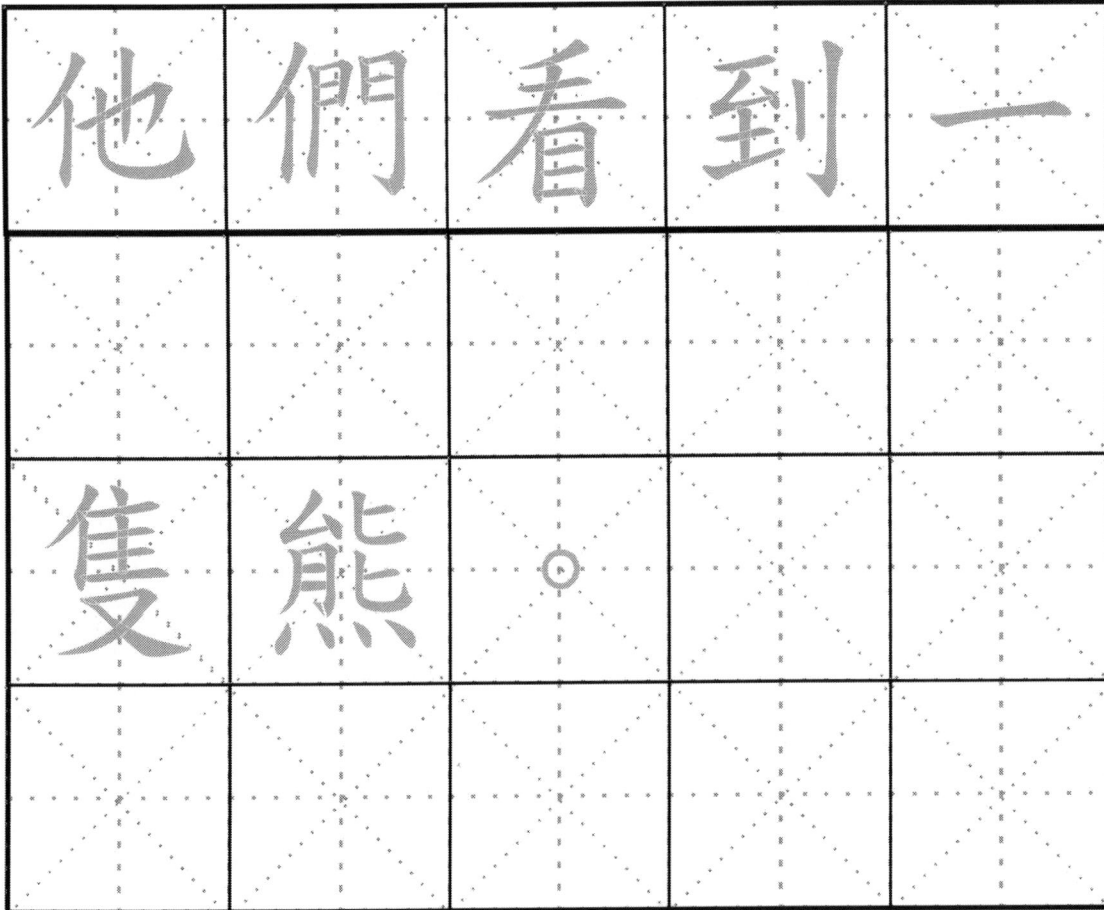

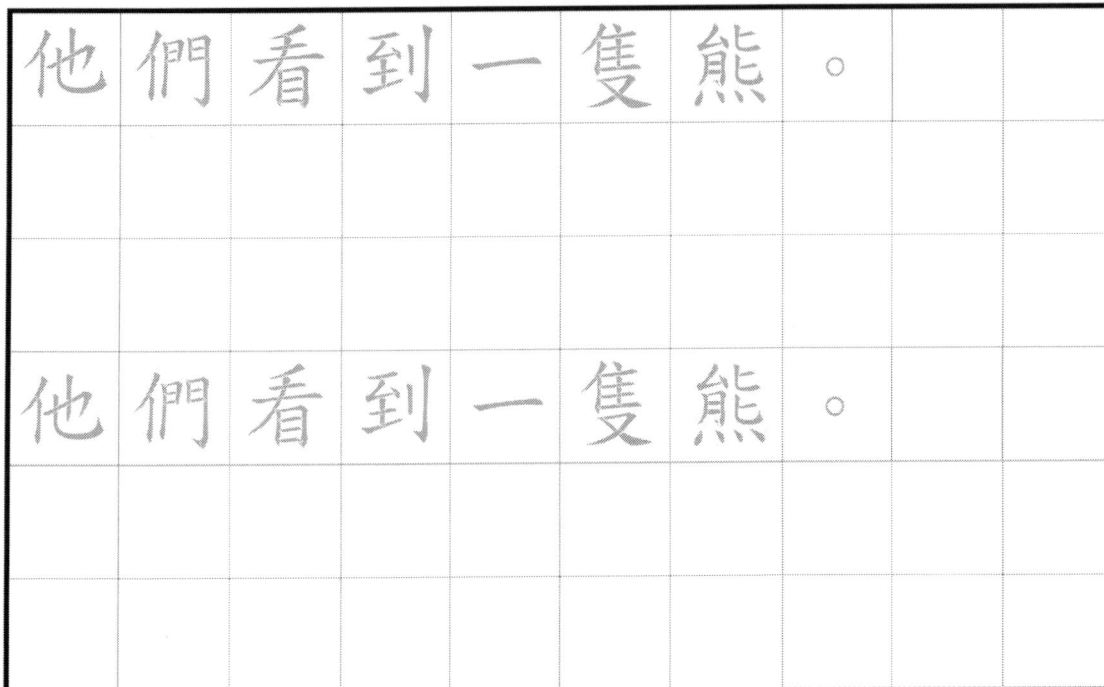

他	們	看	到	一
隻	熊	。		

他	們	看	到	一	隻	熊	。	
他	們	看	到	一	隻	熊	。	

他們看到一隻熊。

tā men kàn dào yì zhī xióng

They saw a bear.

風與太陽正在爭論誰的力量大。這
fēng yǔ tài yáng zhèng zài zhēng lùn shuí de lì liàng dà 。 zhè

時，他們看到一個行人走在路上，太陽
shí ， tā men kàn dào yí ge xíng rén zǒu zài lù shàng ， tài yáng

說："誰能使行人脫下衣服誰就力量
shuō : " shuí néng shǐ xíng rén tuō xià yī fú shuí jiù lì liàng

大。"太陽藏在烏雲後面，風開始用力
dà 。 " tài yáng cáng zài wū yún hòu miàn ， fēng kāi shǐ yòng lì

吹，風刮的越猛烈，行人越是抓緊自己
chuī ， fēng guā de yuè měng liè ， xíng rén yuè shì zhuā jǐn zì jǐ

的衣服。太陽出來了，暖暖的照向行
de yī fú 。 tài yáng chū lái le ， nuǎn nuǎn de zhào xiàng xíng

人，行人熱了，很快把外衣脫下。
rén ， xíng rén rè le ， hěn kuài bǎ wài yī tuō xià 。

寓意：溫和的力量常常更為有效。
yù yì : wēn hé de lì liàng cháng cháng gèng wéi yǒu xiào 。

The Wind and the Sun were arguing which one was more powerful. At this moment, they saw a pedestrian walking down the road, and the Sun said: "Whichever of us can cause him to take off his clothing shall be regarded as more powerful." So the Sun hid behind the dark cloud, and the Wind began to blow hard upon the man. However the harder the Wind blew, the tighter the man held on to his clothing.Then the Sun came out and shone warmly upon the man. As the man walked, he found it was too hot. Quickly he took off his outer clothing. Implied meaning: Being peaceful is often a more effective method.

蟲 大士 寸固吏史鳥 火 黑　雨舌列 臣 音 水 巾交
chóng dà shì cùn gù lì shǐ niǎo huǒ hēi　yǔ shé liè chén yīn shuǐ jīn jiāo

風	與	太	陽	正
風	與	太	陽	正
在	爭	論	誰	的
在	爭	論	誰	的

風	與	太	陽	正	在	爭	論	誰	的
風	與	太	陽	正	在	爭	論	誰	的
風	與	太	陽	正	在	爭	論	誰	的
風	與	太	陽	正	在	爭	論	誰	的

力	量	大	這	時
力	量	大	這	時
他	們	看	到	一
他	們	看	到	一

力	量	大	這	時	他	們	看	到	一
力	量	大	這	時	他	們	看	到	一

個	行	人	走	在
個	行	人	走	在
路	上	太	陽	說
路	上	太	陽	說

個	行	人	走	在	路	上	太	陽	說
個	行	人	走	在	路	上	太	陽	說
個	行	人	走	在	路	上	太	陽	說
個	行	人	走	在	路	上	太	陽	說

誰	能	使	行	人
誰	能	使	行	人
脫	下	衣	服	誰
脫	下	衣	服	誰

誰	能	使	行	人	脫	下	衣	服	誰
誰	能	使	行	人	脫	下	衣	服	誰
誰	能	使	行	人	脫	下	衣	服	誰
誰	能	使	行	人	脫	下	衣	服	誰

就	力	量	大	太
就	力	量	大	太
陽	藏	在	烏	雲
陽	藏	在	烏	雲

就	力	量	大	太	陽	藏	在	烏	雲
就	力	量	大	太	陽	藏	在	烏	雲
就	力	量	大	太	陽	藏	在	烏	雲
就	力	量	大	太	陽	藏	在	烏	雲

後	面	風	開	始
後	面	風	開	始
用	力	吹	風	刮
用	力	吹	風	刮

後	面	風	開	始	用	力	吹	風	刮
後	面	風	開	始	用	力	吹	風	刮
後	面	風	開	始	用	力	吹	風	刮
後	面	風	開	始	用	力	吹	風	刮

的 越 猛 烈 行

人 越 是 抓 緊

的	越	猛	烈	行	人	越	是	抓	緊
的	越	猛	烈	行	人	越	是	抓	緊
的	越	猛	烈	行	人	越	是	抓	緊
的	越	猛	烈	行	人	越	是	抓	緊

自	己	的	衣	服
自	己	的	衣	服
太	陽	出	來	了
大	陽	出	來	了

自	己	的	衣	服	大	陽	出	來	了
自	己	的	衣	服	大	陽	出	來	了
自	己	的	衣	服	大	陽	出	來	了
自	己	的	衣	服	大	陽	出	來	了

暖	暖	的	照	向
暖	暖	的	照	向
行	人	行	人	熱
行	人	行	人	熱

暖	暖	的	照	向	行	人	行	人	熱
暖	暖	的	照	向	行	人	行	人	熱
暖	暖	的	照	向	行	人	行	人	熱
暖	暖	的	照	向	行	人	行	人	熱

很	快	把	外	衣
很	快	把	外	衣
脫	下	寓	意	溫
脫	下	寓	意	溫

很	快	把	外	衣	脫	下	寓	意	溫
很	快	把	外	衣	脫	下	寓	意	溫
很	快	把	外	衣	脫	下	寓	意	溫
很	快	把	外	衣	脫	下	寓	意	溫

和	的	力	量	常
和	的	力	量	常
常	更	為	有	效
常	更	為	有	效

和	的	力	量	常	常	更	為	有	效
和	的	力	量	常	常	更	為	有	效
和	的	力	量	常	常	更	為	有	效
和	的	力	量	常	常	更	為	有	效

虫	大	士	寸	固
虫	大	士	寸	固
吏	史	鳥	火	黑
吏	史	鳥	火	黑

| 虫 | 大 | 士 | 寸 | 固 | 吏 | 史 | 鳥 | 火 | 黑 |
| 虫 | 大 | 士 | 寸 | 固 | 吏 | 史 | 鳥 | 火 | 黑 |

The traditional characters, 蟲, and the simplified character, 虫, are used interchangeably by many Chinese in Taiwan.

雨	舌	列	臣	音
雨	舌	列	臣	音
水	巾	交		
水	巾	交		

雨	舌	列	臣	音	水	巾	交		
雨	舌	列	臣	音	水	巾	交		

一隻不走運的狐狸，不小心失足掉入一
yì zhī bù zǒu yùn de hú lí ， bù xiǎo xīn shī zú diào rù yī

口井裏。井太深，狐狸無法逃出來。這
kǒu jǐng lǐ 。 jǐng tài shēn ， hú lí wú fǎ táo chū lái 。 zhè

時，一隻山羊經過看見了，問狐狸為什
shí ， yì zhī shān yáng jīng guò kàn jiàn le ， wèn hú lí wéi shén

麼在井裏？狐狸說："哦！你不知道嗎
me zài jǐng lǐ ？ hú lí shuō:" ò ！ nǐ bù zhī dào ma

？這兒快發生大旱災，我跳進井裏看
？ zhè ér kuài fā shēng dà hàn zāi ， wǒ tiào jìn jǐng lǐ kàn

看，你為什麼不下來一起喝水？"山羊
kàn ， nǐ wéi shén me bú xià lái yì qǐ hē shuǐ？ " shān yáng

相信了狐狸的話，就跳進井裡(裏)。狐
xiàng xìn le hú lí de huà ， jiù tiào jìn jǐng lǐ 。 hú

狸立刻跳上山羊的背，又一跳，跳出水
lí lì kè tiào shàng shān yáng de bèi ， yòu yí tiào ， tiào chū shuǐ

井。狐狸說："再見，我的朋友！記住
jǐng 。 hú lí shuō:" zài jiàn ， wǒ de péng yǒu ！ jì zhù

不要相信一個身陷困境中的狐狸。"
bú yào xiàng xìn yí ge shēn xiàn kùn jìng zhōng de hú lí 。"

* The character 裡 is also written as 裏 in Traditional Chinese.

裏→裏→衣里→衣里→衣裡→裡

An unlucky Fox incautiously lost its footing and fell into a well. Because the well was too deep, the Fox couldn't escape the well.   At the moment, a Goat passed by and saw the Fox, so the Goat asked why the Fox was in the well. "Oh! Don't you know?" said the Fox, "There is going to be a severe drought, so, I jumped into the well to take a look. Why don't you come down to drink water with me?" The Goat believed the Fox's words, so the Goat jumped into the well. The Fox immediately jumped on the Goat's back. Then jumping again, the Fox got out of the well. "Good-bye, my friend!" said the Fox, "Remember!   Never believe a fox trapped in the middle of a difficult situation."

瓜 車 軍 穴 去　兆 戈 矢 首 馬　北 主 西 固
guā chē jun1 xué qù　zhào gē shǐ shǒu mǎ　běi zhǔ xī gù

一	隻	不	走	運
一	隻	不	走	運
的	狐	狸	不	小
的	狐	狸	不	小

一	隻	不	走	運	的	狐	狸	不	小
一	隻	不	走	運	的	狐	狸	不	小

心	失	足	掉	入
心	失	足	掉	入
一	口	井	裏	井
一	口	井	裡	井

心	失	足	掉	入	一	口	井	裏	井
心	失	足	掉	入	一	口	井	裡	井

The character, 裏, is also written as 裡 in Traditional Chinese.

(裏→裏→衣里→衣里→衤里→裡)

太	深	狐	狸	無
太	深	狐	狸	無
法	逃	出	來	
法	逃	出	來	

太	深	狐	狸	無	法	逃	出	來
太	深	狐	狸	無	法	逃	出	來

這	時	一	隻	山
這	時	一	隻	山
羊	經	過	看	見
羊	經	過	看	見

這	時	一	隻	山	羊	經	過	看	見
這	時	一	隻	山	羊	經	過	看	見

了	問	狐	狸	為
了	問	狐	狸	為
什	麼	在	井	裏
什	麼	在	井	裡

了	問	狐	狸	為	什	麼	在	井	裏
了	問	狐	狸	為	什	麼	在	井	裡

狐	狸	說	哦	你
		說	哦	
不	知	道	嗎	這
	知	道	嗎	這

狐	狸	說	哦	你	不	知	道	嗎	這
狐	狸	說	哦	你		知	道	嗎	這
狐	狸	說	哦			知	道	嗎	這
			哦			知	道	嗎	這

兒	快	發	生	大
兒		發	生	大
旱	災	我	跳	進
旱	災	我	跳	進

兒	快	發	生	大	旱	災	我	跳	進
兒	快	發	生		旱	災	我	跳	進
兒		發	生		旱	災	我	跳	進
兒		發	生		旱	災	我	跳	進

井	裏	看	看	你
井	裏	看	看	你
為	什	麼	不	下
為	什	麼	不	下

井	裏	看	看	你	為	什	麼	不	下
井	裏	看	看	你	為	什	麼	不	下

來	一	起	喝	山
來		起	喝	山
羊	相	信	了	狐
羊	相	信		狐

來	一	起	喝	山	羊	相	信	了	狐
來		起	喝	山	羊	相	信		狐
來		起	喝		羊	相	信		
來		起	喝		羊	相	信		

狸	的	話	就	跳
狸		話		跳
進	井	裏	狐	狸
進		裡		

狸	的	話	就	跳	進	井	裏	狐	狸
狸	的	話	就	跳	進	井	裡	狐	狸

The character, 裏, is also written as 裡 in Traditional Chinese.

(裏 → 裏 → 亠里 → 衣里 → 衤里 → 裡)

立	刻	跳	上	山
	刻	跳		
羊	的	背	又	一
		背		

立	刻	跳	上	山	羊	的	背	又	一
立	刻	跳	上	山	羊	的	背		

跳	跳	出	水	井
跳		出		
狐	狸	說	再	見
		說	再	見

跳	跳	出	水	井	狐	狸	說	再	見
跳	跳	出	水	井	狐	狸	說	再	見

我	的	朋	友	記
我				記
住	不	要	相	信
住		要		

我	的	朋	友	記	住	不	要	相	信
我	的	朋	友	記	住	不	要	相	信

一　個　身　陷　困

境　中　的　狐　狸

境

一　個　身　陷　困　境　中　的　狐　狸
　　個　身　陷　困　境　　　　狐　狸

瓜	車	軍	穴	去
瓜	車	軍	穴	去
兆	戈	矢	首	馬
兆	戈	矢	首	馬

瓜	車	軍	穴	去	兆	戈	矢	首	馬
瓜	車	軍	穴	去	兆	戈	矢	首	馬

北	主	西	固	
北	主	西	固	

北	主	西	固	北	主	西	固
北	主	西	固	北	主	西	固

你	知	道	他	正
在	說	什	麼	？
你	知	道	他	說
了	什	麼	嗎	？

你	知	道	他	正	在	說	什	麼	？
你	知	道	他	說	了	什	麼	嗎	？

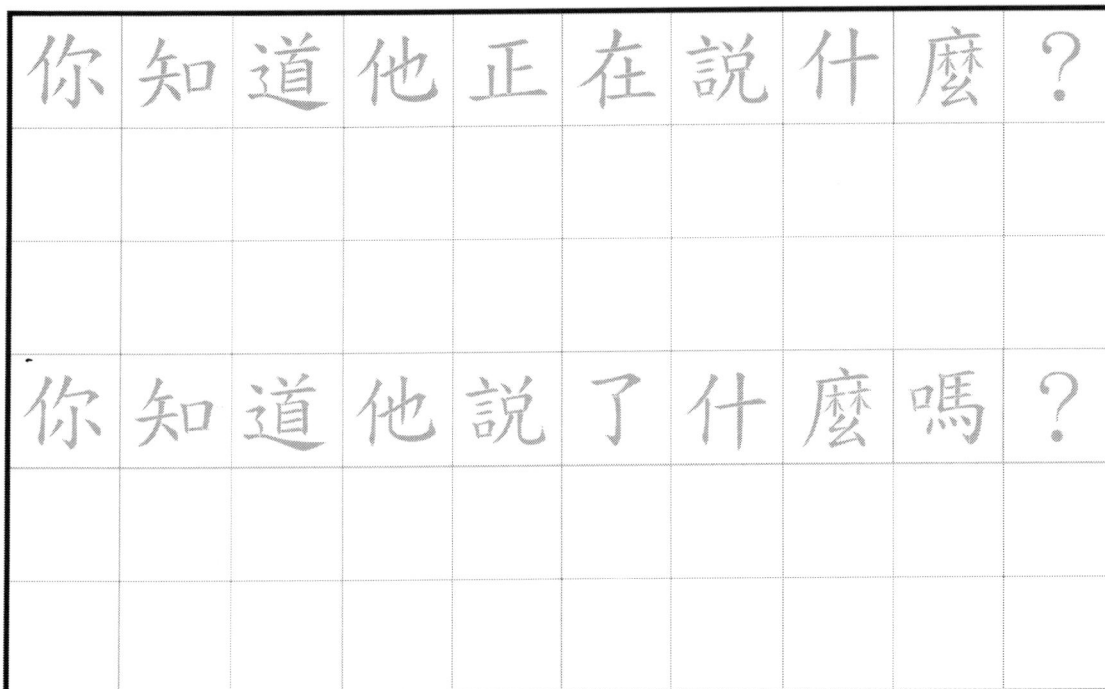

你知道他正在說什麼？nǐ zhī dào tā zhèng zài shuō shén me？ Do you know what he is talking about? 你知道他說了什麼嗎？nǐ zhī dào tā shuō le shén me ma？ Do you know what he said?

他	的	朋	友	立
刻	逃	走	了	

他	的	朋	友	立	刻	逃	走	了
他	的	朋	友	立	刻	逃	走	了

他的朋友立刻逃走了。

tā de péng yǒu lì kè táo zǒu le

His friend run away immediately.

他	只	好	倒	下
	只		倒	
裝	死	熊	走	過
裝	死			過

他	只	好	倒	下	裝	死	熊	走	過
他			倒		裝	死	熊	走	過

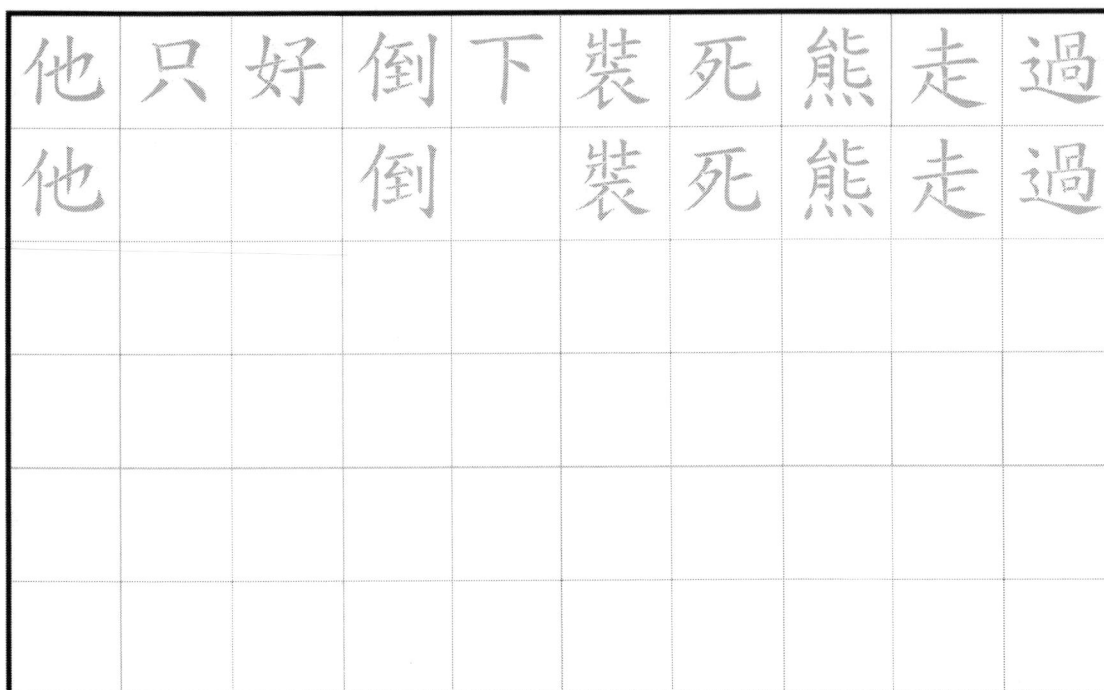

他只好倒下裝死，熊走過來聞了一聞，就走開了。

tā zhī hǎo dǎo xià zhuāng sǐ ，xióng zǒu guò lái wén le yì wén ，jiù zǒu kāi le 。

The only thing he could do was to fall over down upon the ground to play dead.

來	聞	了	一	聞
就	走	開	了	他
		開		

來	聞	了	一	聞	就	走	開	了	他
來	聞	了		聞	就	走	開	了	

的	朋	友	爬	下
			爬	
了	樹	問	熊	説
	樹			

的	朋	友	爬	下	了	樹	問	熊	説
的	朋	友	爬	下	了	樹	問	熊	説

他的朋友爬下了樹，問" 熊說了什麽?" tā de péng yǒu pá xià le shù ，wèn "xióng shuō le shén me ?" His friend climbed down the tree. Asked: What did the Bear say?

了	什	麼	嗎	答
			嗎	
熊	説	你	是	個
		你		

了 什 麼 嗎 答 熊 説 你 是 個
什 麼 嗎 答 熊 説 你 是

自 私 的 人 不

是 個 好 朋 友

自	私	的	人	不	是	個	好	朋	友
				不	是		好	朋	友

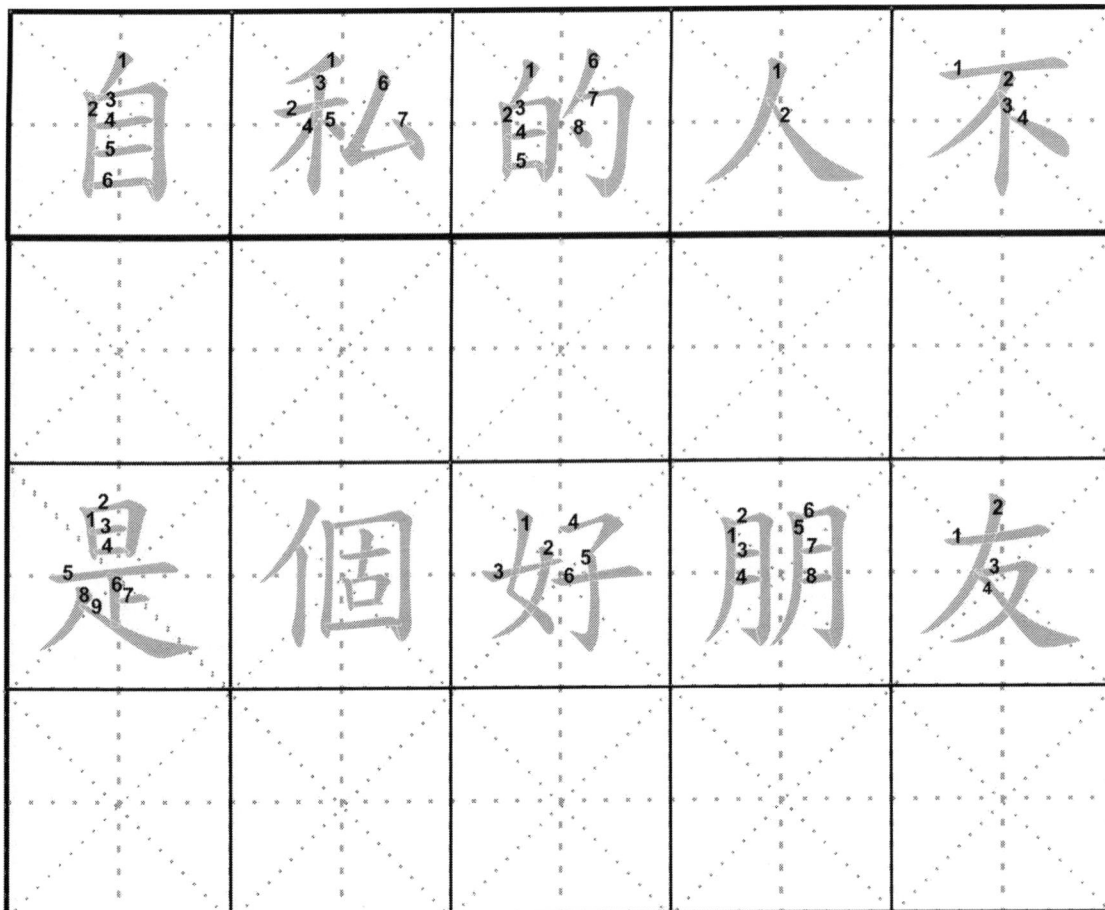

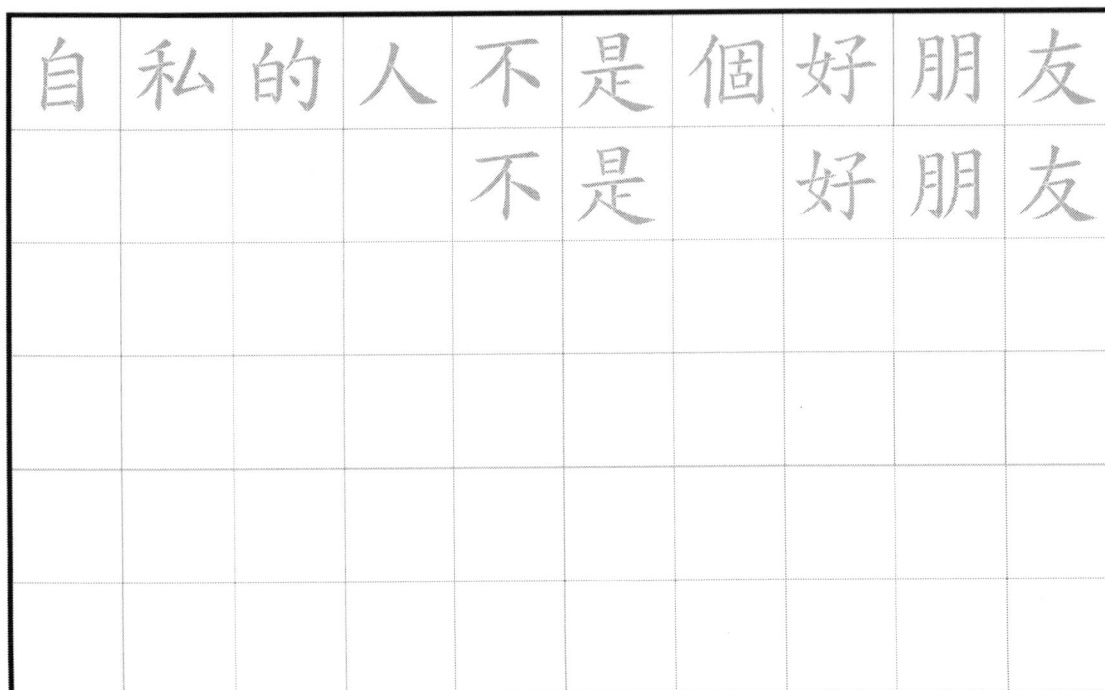

答"熊說:你是個自私的人,不是好朋友。"

dá "xióng shuō :nǐ shì ge zì sī de rén,bú shì hǎo péng yǒu 。"

Answer: The Bear said: You are a selfish person. You are not a good friend.

你們用的是竹筷子嗎？

你們用的是

竹筷子嗎？

竹筷

你們用的是竹筷子嗎？
你們用的是竹筷子嗎？

你們用的是竹筷子嗎？
nǐ men yòng de shì zhú kuài zǐ ma？　For what you are using, are they bamboo chopsticks?

她 是 你 的 女

朋 友 嗎 ？

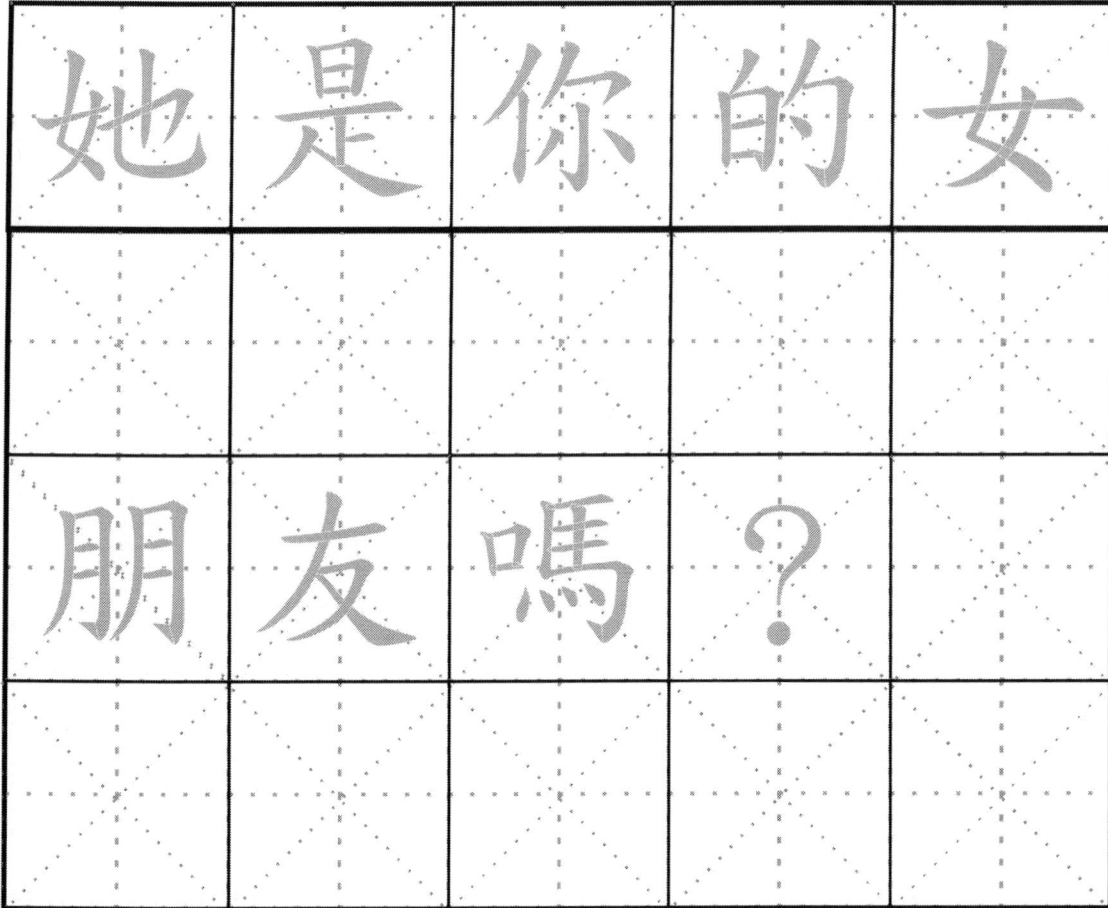

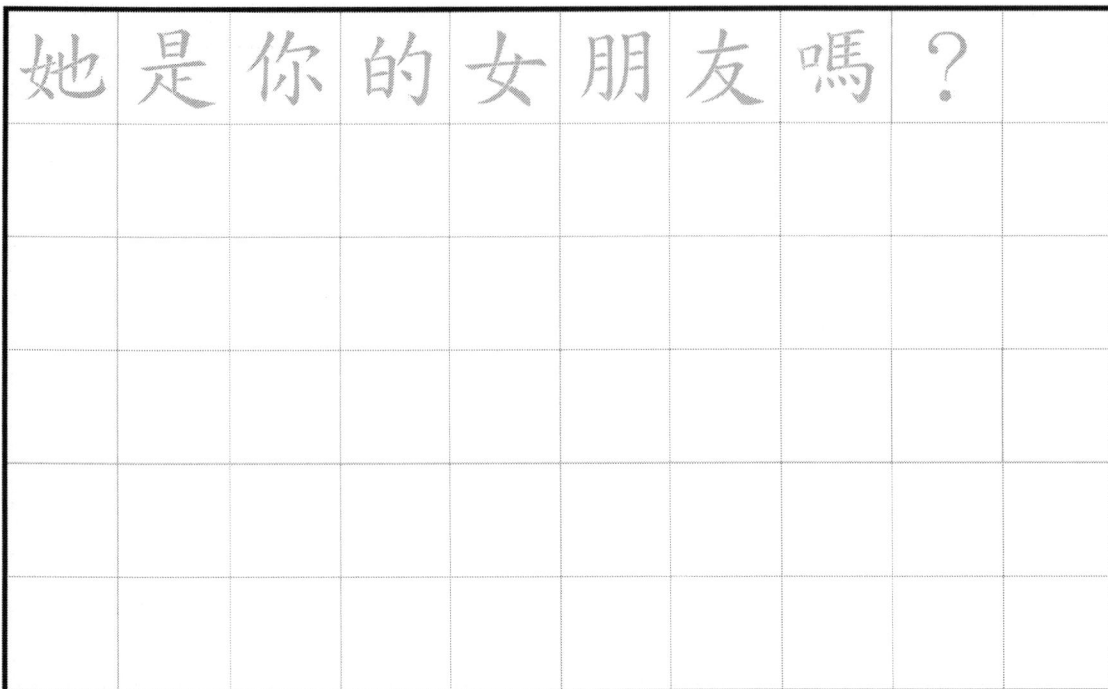

她 是 你 的 女 朋 友 嗎 ？

她是你的女朋友嗎？
tā shì nǐ de nǚ péng yǒu ma？
Is her your girl friend?

你 們 是 很 好

的 朋 友 嗎 ？

你 們 是 很 好 的 朋 友 嗎 ？
你 們 是 很 好 的 朋 友 嗎 ？

你們是很好的朋友嗎？

nǐ men shì hěn hǎo de péng yǒu ma 　？

Are you very good friends?

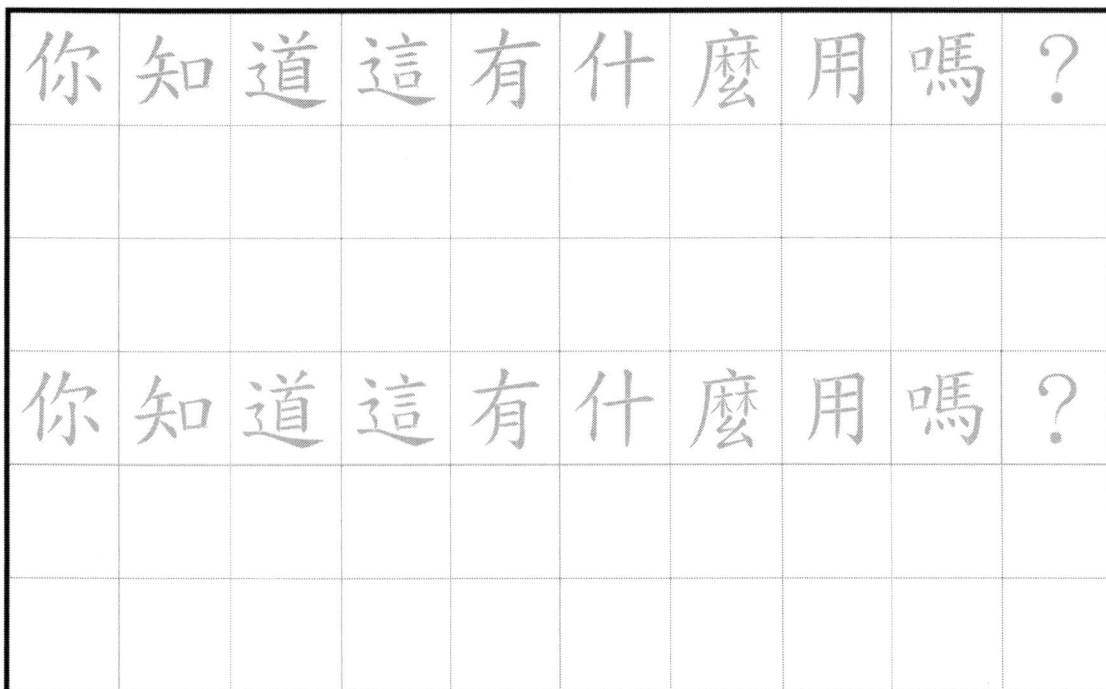

你	知	道	這	有
什	麼	用	嗎	？
你	知	道	這	有
什	麼	用	嗎	？

你	知	道	這	有	什	麼	用	嗎	？
你	知	道	這	有	什	麼	用	嗎	？

你知道這有什麼用嗎?

nǐ zhī dào zhè yǒu shén me yòng ma ? Do you know what this for?

他們正在爭論什麼嗎？

他們正在爭論什麼嗎？

他們正在爭論什麼嗎？

tā men zhèng zài zhēng lùn shén me ma？

What are they arguing about?

你 知 道 這 把

刀 是 誰 的 嗎

這 三 十 把 刀

是 你 的 嗎 ？

你 知 道 這 把 刀 是 誰 的 嗎

這 三 十 把 刀 是 你 的 嗎 ？

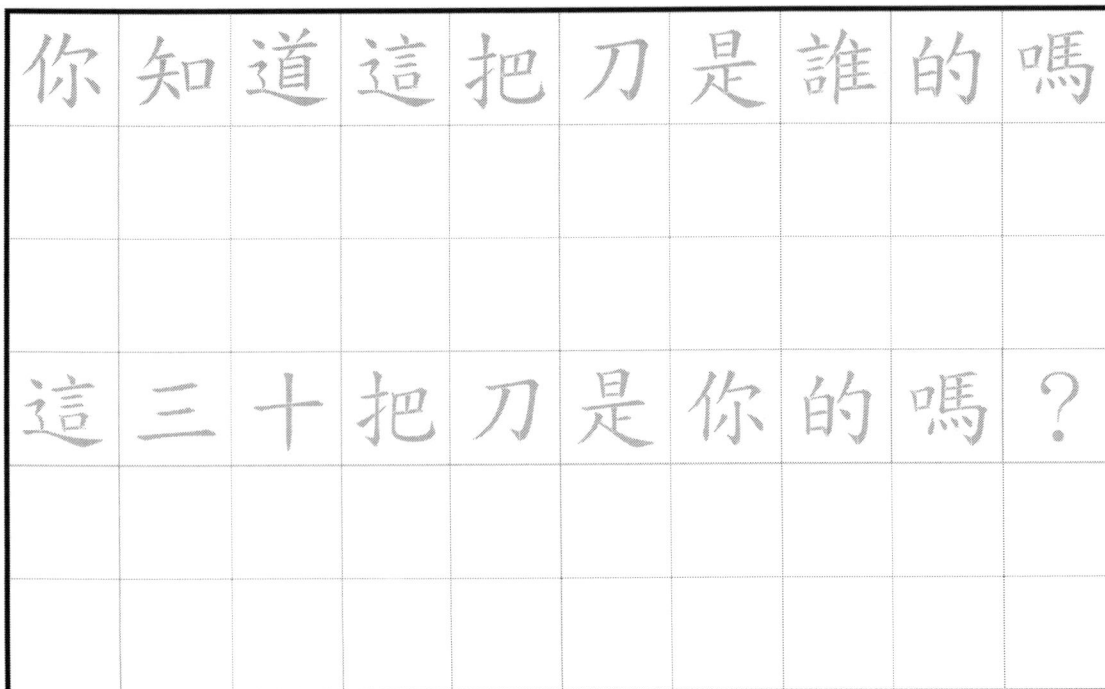

你知道這把刀是誰的嗎？ nǐ zhī dào zhè bǎ dāo shì shuí de ma？ Do you know whose knife this is?

這三十把刀是你的嗎？ zhè sān shí bǎ dāo shì nǐ de ma？ Are these 30 knives yours?

他	自	己	说	他
他	自	己	说	他
是	温	大	使	◎
是	温	大	使	◎

他	自	己	说	他	是	温	大	使	。

他	自	己	说	他	是	温	大	使	。

他自己说他是温大使。 tā zì jǐ shuō tā shì wēn dà shǐ He himself said that he is ambassador Wen.

Just as English character have different fonts, a Chinese characters also have different fonts, such as 温 or 温. (The character, 温, shows how many Chinese write it, though often you may see this font, 温, on newspapers or books.)

你	知	道	這	是
誰	的	衣	服	嗎
你	知	道	這	是
誰	的	自	行	車

你	知	道	這	是	誰	的	衣	服	嗎
你	知	道	這	是	誰	的	自	行	車

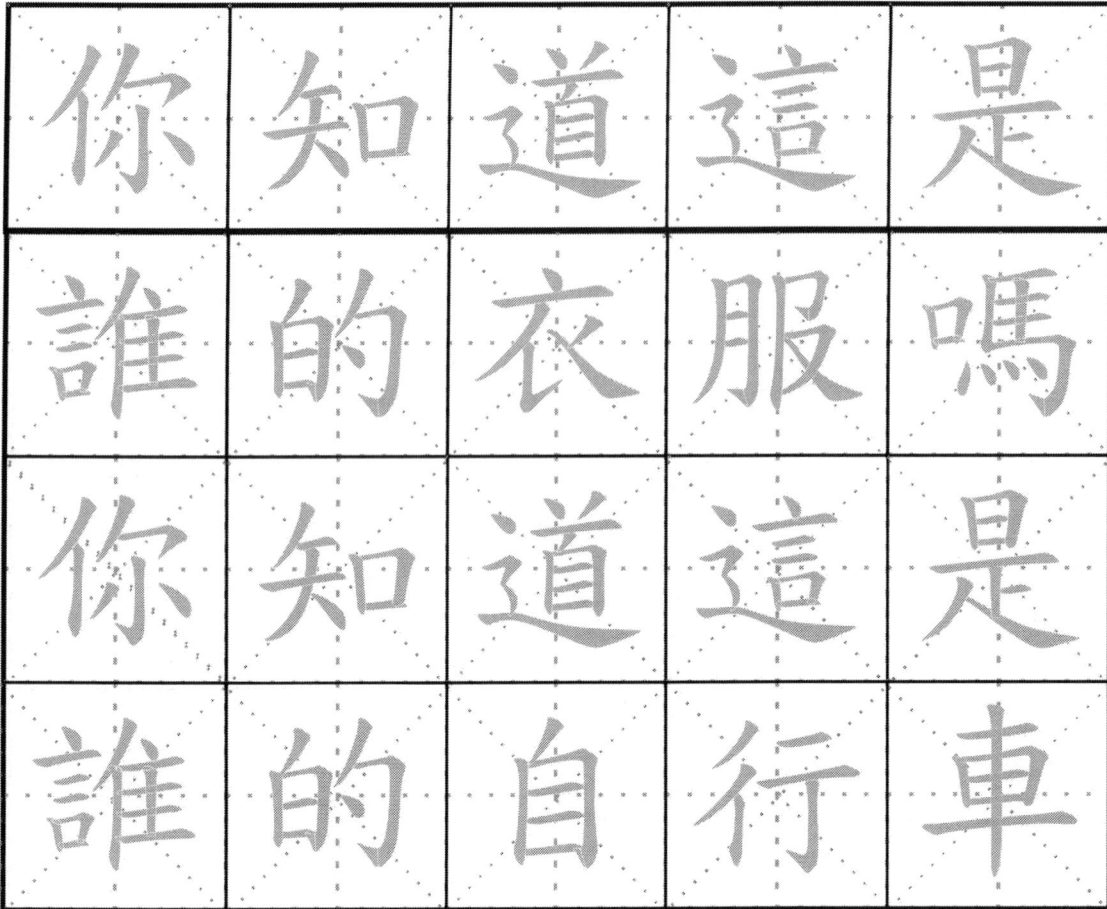

你知道這是誰的衣服嗎？nǐ zhī dào zhè shì shuí de yī fú ma？ Do you know whose clothes it is？ 你知道這是誰的自行車？nǐ zhī dào zhè shì shuí de zì háng chē？ Do you know whose bicycle it is?

這	是	你	的	自
行	車	嗎	？	
我	能	用	你	的
自	行	車	嗎	？

這是你的自行車嗎？

我能用你的自行車嗎？

這是你的自行車嗎？ zhè shì nǐ de zì háng chē ma？　Is this your bicycle?

我能用你的自行車嗎？ wǒ néng yòng nǐ de zì háng chē ma？　May I use your bicycle?

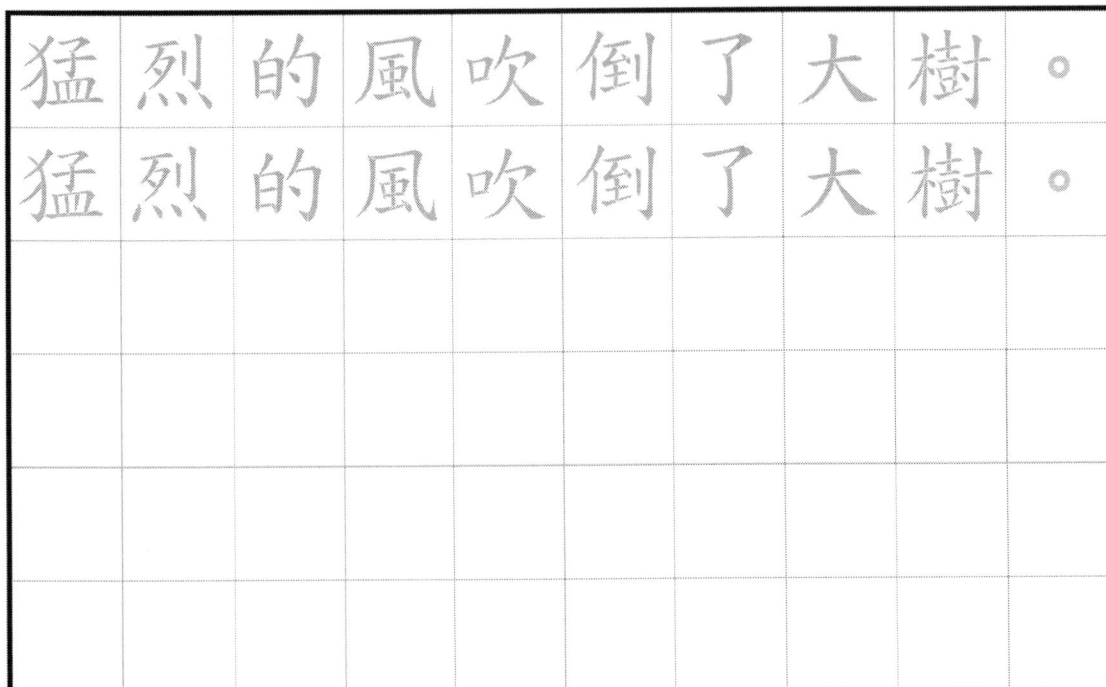

猛	烈	的	風	吹
猛	烈	的	風	吹
倒	了	大	樹	。
倒	了	大	樹	。

猛	烈	的	風	吹	倒	了	大	樹 。
猛	烈	的	風	吹	倒	了	大	樹 。

猛烈的風吹倒了大樹。

mĕng liè de fēng chuī dăo le dà shù

Fierce winds knocked down huge trees.

有	個	人	藏	在
大	門	後	面	。
有	個	人	藏	在
大	門	後	面	。

有	一	個	人	藏	在	大	門	後	面
有	一	個	人	藏	在	大	門	後	面

有一個人藏在大門後面。
yǒu yí ge rén cáng zài dà mén hòu miàn

There is a person hiding behind the main gate.

有個人藏在大門後面。
yǒu gè rén cáng zài dà mén hòu miàn

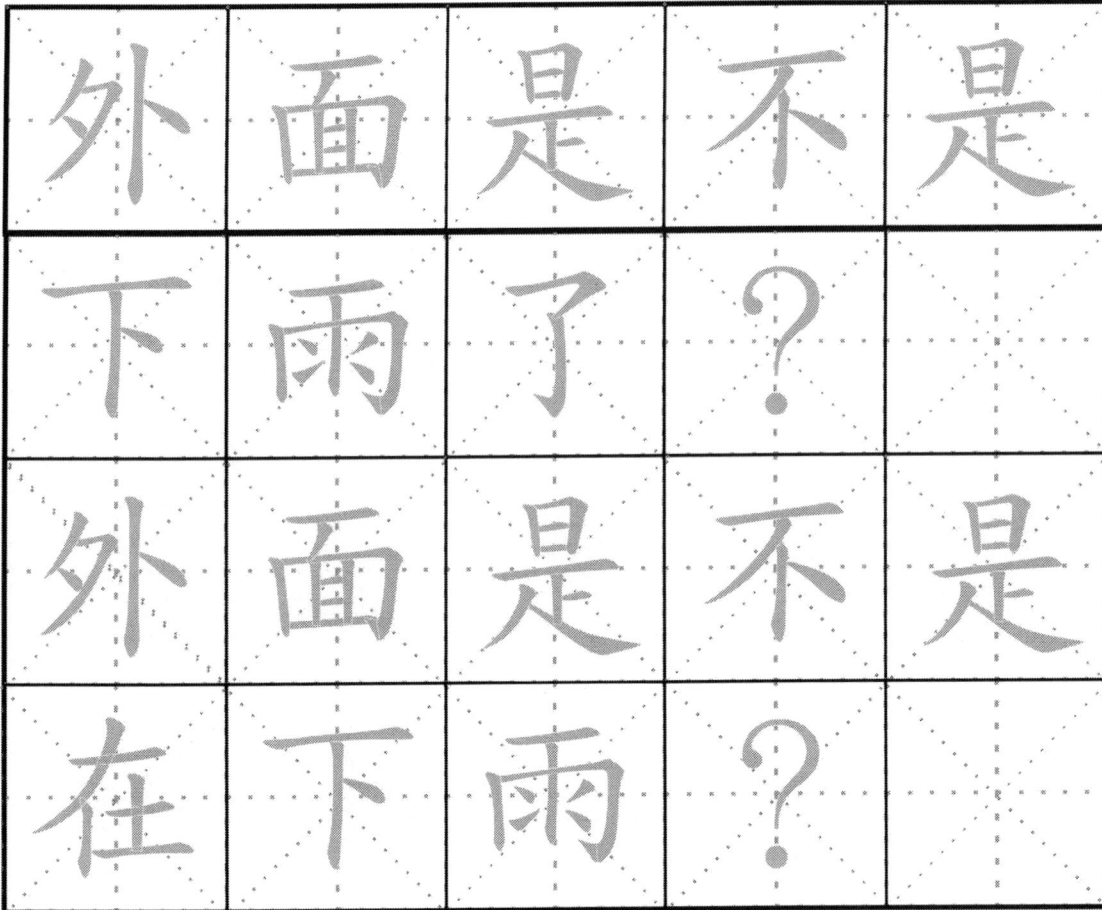

外	面	是	不	是
下	雨	了	？	是
外	面	是	不	是
在	下	雨	？	

外	面	是	不	是	下	雨	了	？
外	面	是	不	是	在	下	雨	？

外面是不是下雨了？
wài miàn shì bú shì xià yǔ le ?
Has it rained outside?

外面是不是在下雨？
wài miàn shì bú shì zài xià yǔ ?
Is it raining outside?

小	鳥	抓	到	了
一	隻	黑	虫	。
小	鳥	抓	到	了
一	隻	小	蟲	。

小	鳥	抓	到	了	一	隻	黑	虫	。
小	鳥	抓	到	了	一	隻	黑	蟲	。

小鳥抓到了一隻黑蟲。 *xiǎo niǎo zhuā dào le yì zhī hēi chóng* The small bird caught a black bug.

小鳥抓到了一隻小蟲。 *xiǎo niǎo zhuā dào le yì zhī xiǎo chóng* The small bird caught a little bug.

The traditional characters, 蟲, and the simplified character, 虫, are used interchangeably by many Chinese in Taiwan.

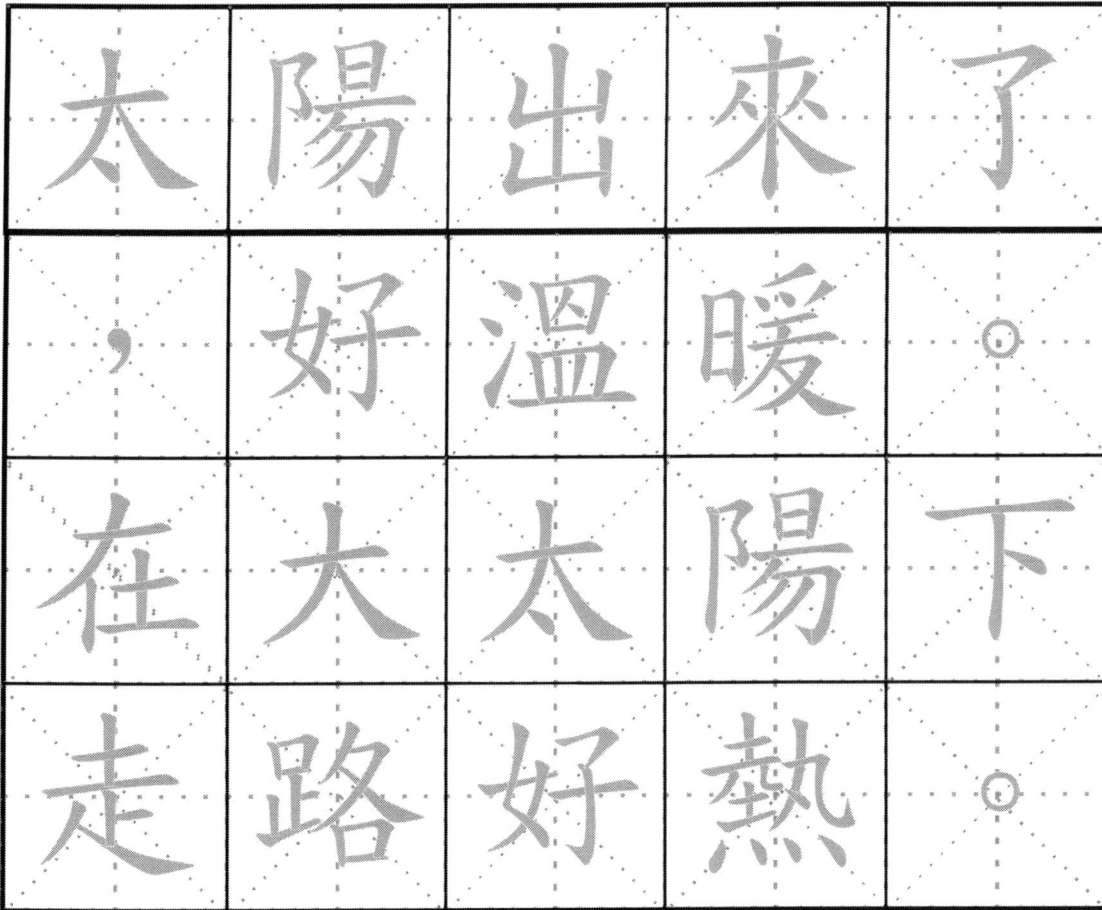

太	陽	出	來	了
，	好	溫	暖	。
在	大	太	陽	下
走	路	好	熱	。

太 陽 出 來 了 ， 好 溫 暖 。

在 大 太 陽 下 走 路 好 熱 。

太陽出來了，好溫暖。
zài dà tài yáng xià zǒu lù hǎo rè
It's so warm, because the sun is out.

在大太陽下走路，好熱！
zài dà tài yáng xià zǒu lù hǎo rè
Walking under the strong sun, it's very hot.

我 去 山 上 是

為 了 看 日 出

我 去 山 上 是 為 了 看 日 出

我 去 山 上 是 為 了 看 日 出

我去山上是為了看日出。

wǒ qù shān shàng shì wéi le kàn rì chū

I went the mountain to appreciate the sun rise.

他 看 到 我 時

向 我 説 你 好

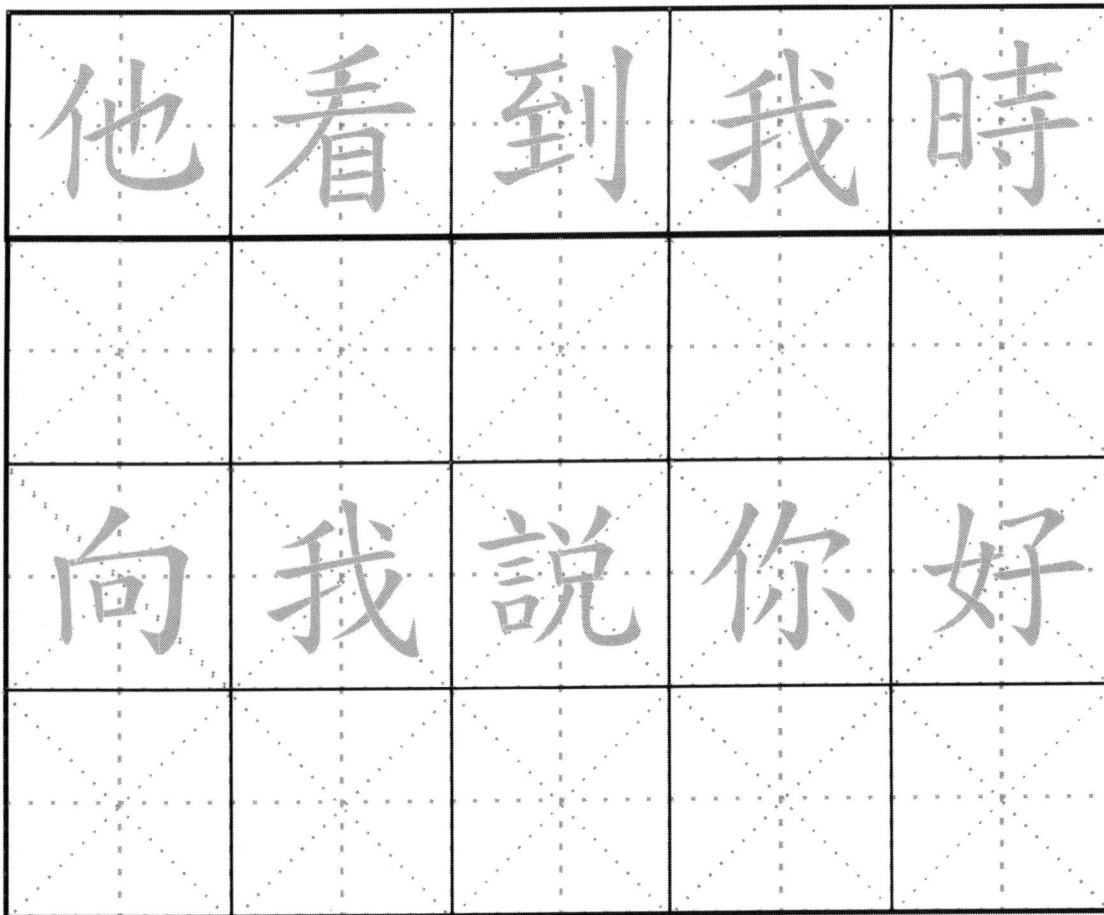

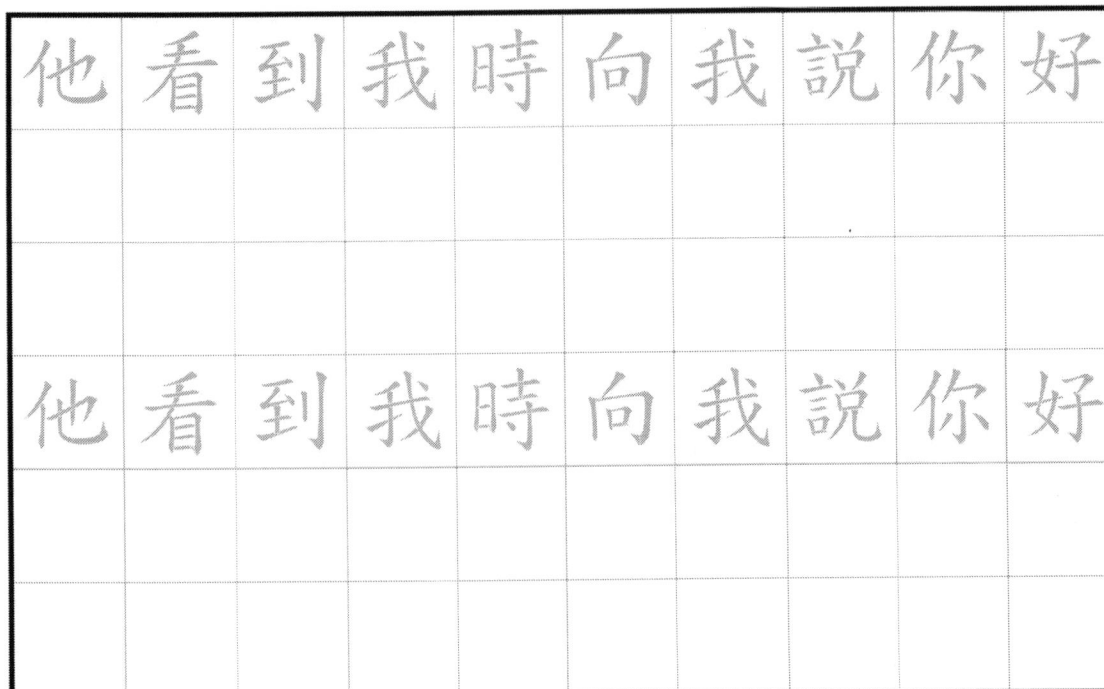

他 看 到 我 時 向 我 説 你 好

他 看 到 我 時 向 我 説 你 好

他看到我時, 向我説:" 你好!"

tā kàn dào wǒ shí ,xiàng wǒ shuō :"nǐ hǎo !"

When he saw me, he said to me, "How are you?"

這	隻	黑	熊	的
力	量	很	大	

這 隻 黑 熊 的 力 量 很 大 。

這 隻 黑 熊 的 力 量 很 大 。

這只黑熊的力量很大。

zhè zhī hēi xióng de lì liàng hěn dà

The black bear is very powerful.

你	這	麼	說	用
意	是	什	麼	？
狐	狸	為	什	麼
在	水	井	裏	？

你	這	麼	說	用	意	是	什	麼	？
狐	狸	為	什	麼	在	水	井	裏	？

你這麼說，用意是什麼？
nǐ zhè me shuō yòng yì shì shén me
What's your intention for what you said?

狐狸為什麼在水井裏？
hú lí wéi shén me zài shuǐ jǐng lǐ ?
Why is the fox in the water well?

人們説他是

熱心的人。

人們説他是熱心的人。

人們説他是熱心的人。

人們説他是個熱心的人。

rén men shuō tā shì ge rè xīn de rén。

People said that he is a warm-hearted person.

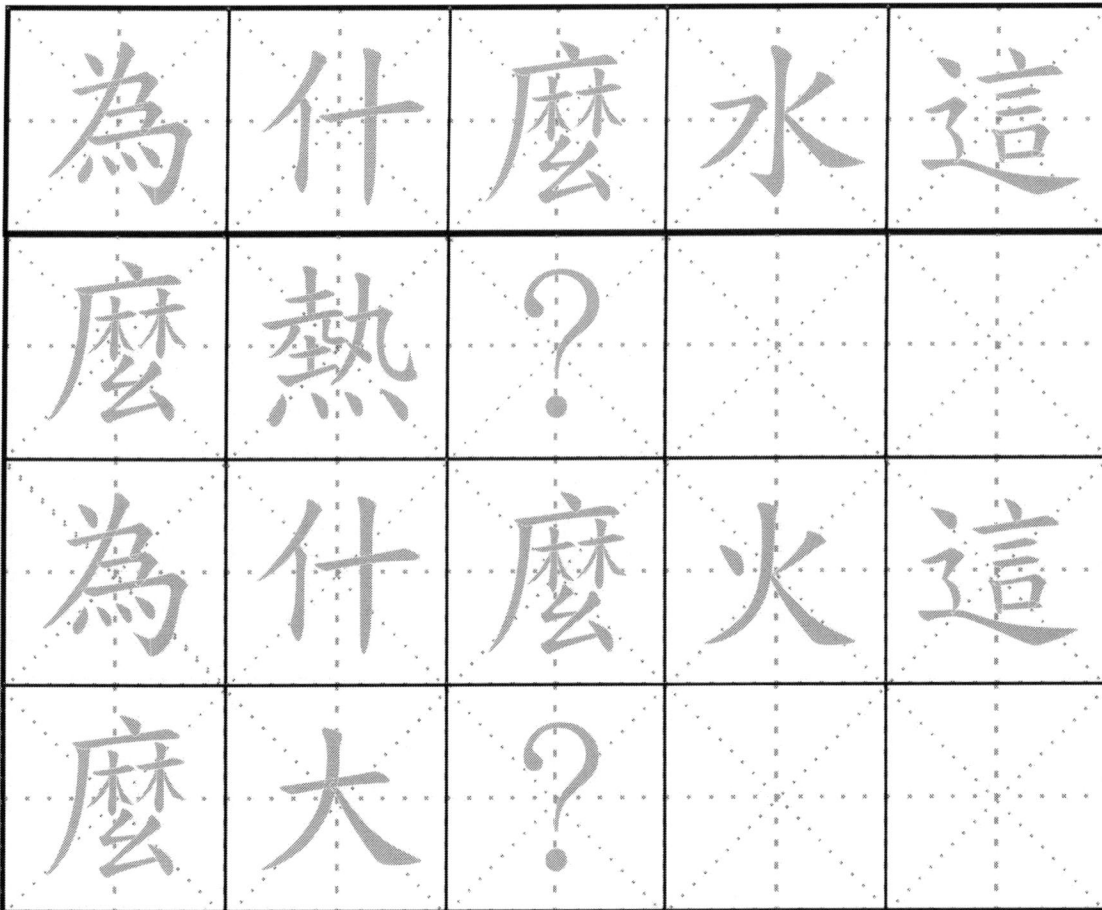

為	什	麼	水	這
麼	熱	？		
為	什	麼	火	這
麼	大	？		

為	什	麼	水	這	麼	熱	？		
為	什	麼	火	這	麼	大	？		

為什麼水這麼熱？
wéi shén me shuǐ zhè me rè？
Why is the water so hot?

為什麼火這麼大？
wéi shí me huǒ zhè me dà？
Why is the fire so violent?

這	車	子	裏	裝
的	是	什	麼	？
這	車	子	運	的
是	什	麼	？	

這	車	子	裏	裝	的	是	什	麼	？
這	車	子	運	的	是	什	麼	？	

這車子裏裝的是什麼？ zhè chē zǐ lǐ zhuāng de shì shén me？ What's in the vehicle?

這車子運的是什麼？ zhè chē zǐ yùn de shì shén me? What's being transported in the vehicle?

這	是	什	麼	？
有	什	麼	用	？
你	知	道	這	有
什	麼	用	嗎	？

這	是	什	麼	？	有	什	麼	用	？
你	知	道	這	有	什	麼	用	嗎	？

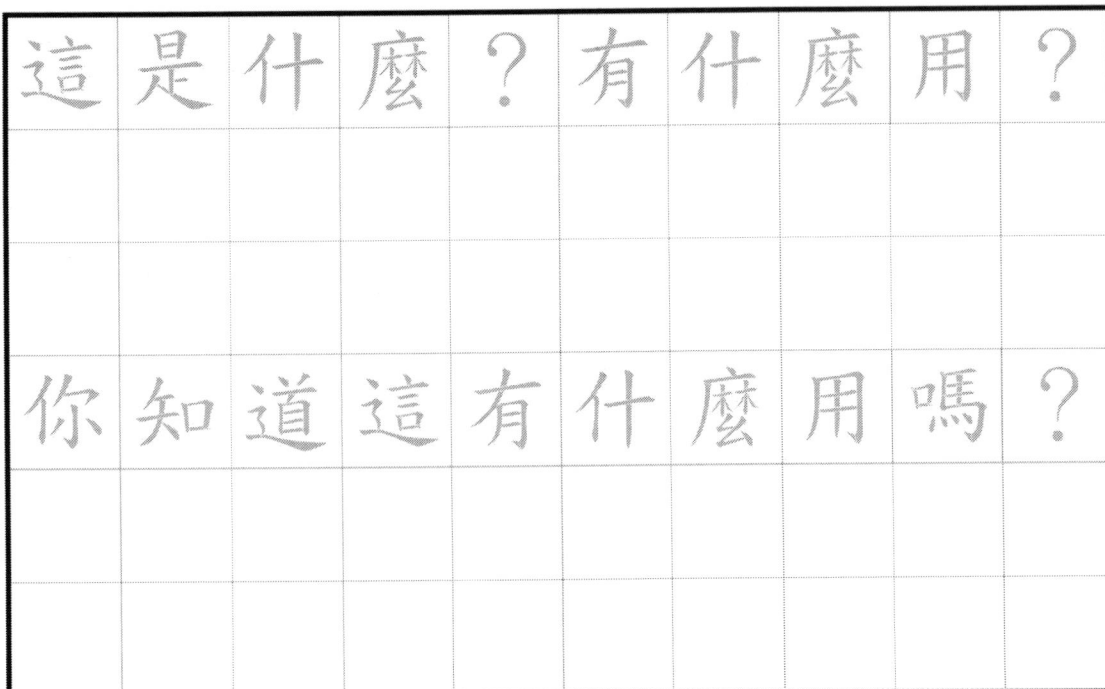

這是什麼？有什麼用? zhè shì shén me？yǒu shén me yòng？ What's this? What's the usage of it?

你知道這有什麼用嗎? nǐ zhī dào zhè yǒu shén me yòng ma？ Do you know what is the usage of it?

你 知 道 我 為

什 麼 來 北 京

你 知 道 為 什

麼 我 來 北 京

你 知 道 我 為 什 麼 來 北 京

你 知 道 我 為 什 麼 來 北 京

你知道我為什麼來北京？
nǐ zhī dào wǒ wéi shén me lái běi jīng ?
Do you know why I come to Beijing?

我	開	了	10	個
小	時	的	車	來

我	開	了	10	個	小	時	的	車	來
我	開	了	10	個	小	時	的	車	來

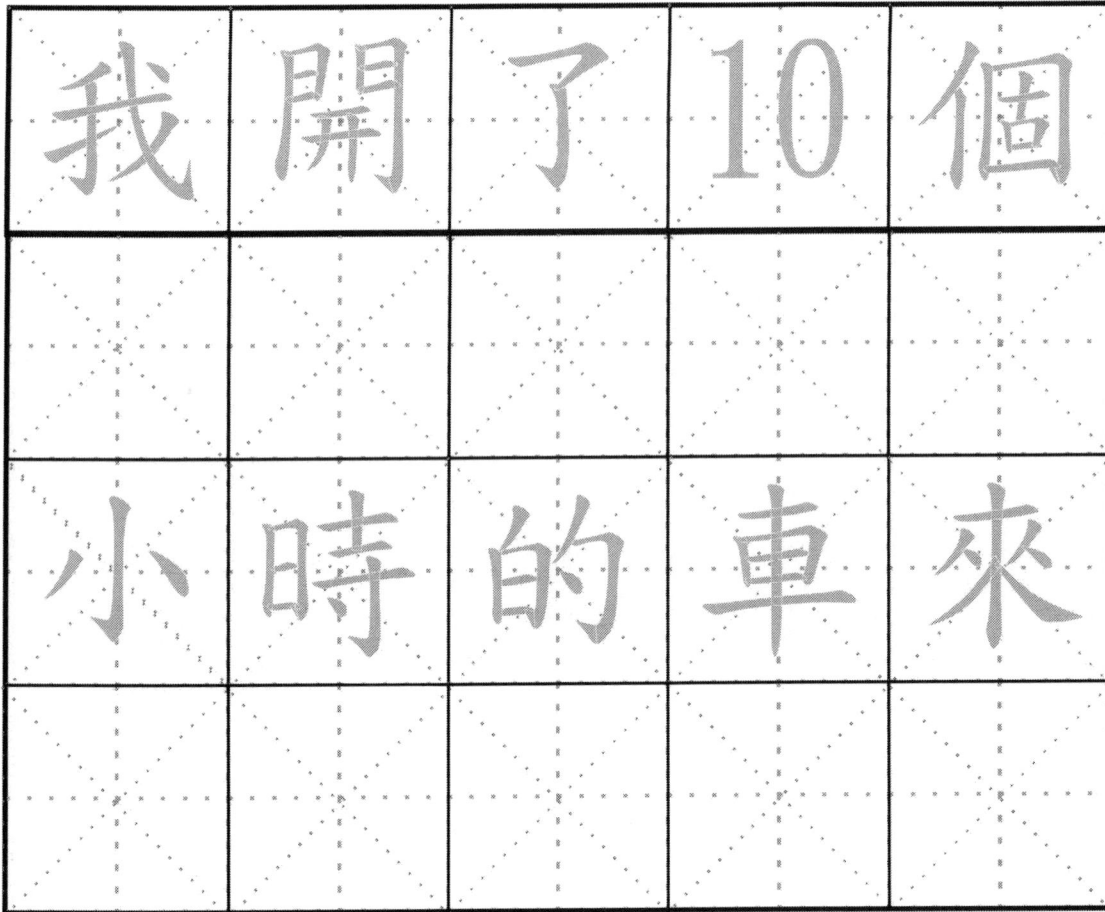

我開了 10 小時的車來到了北京。   wǒ kāi le shí xiǎo shí de chē lái dào le běi jīng

I drove for 10 hours and finally I arrived at Beijing.

到 了 北 京 。

他 走 了 十 個

到 了 北 京 。 他 走 了 十 個

到 了 北 京 。 他 走 了 十 個

小	時	的	路	來
到	了	北	京	。

小	時	的	路	來	到	了	北	京	。
小	時	的	路	來	到	了	北	京	。

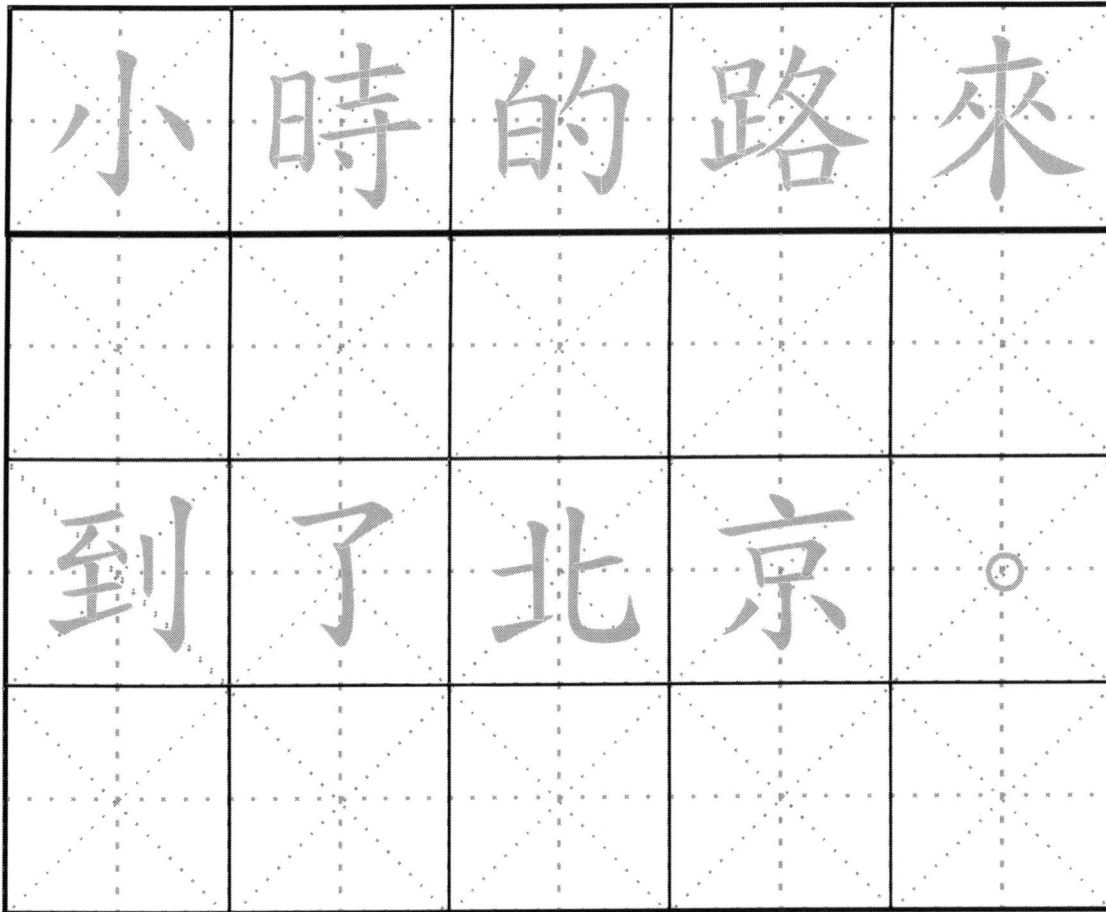

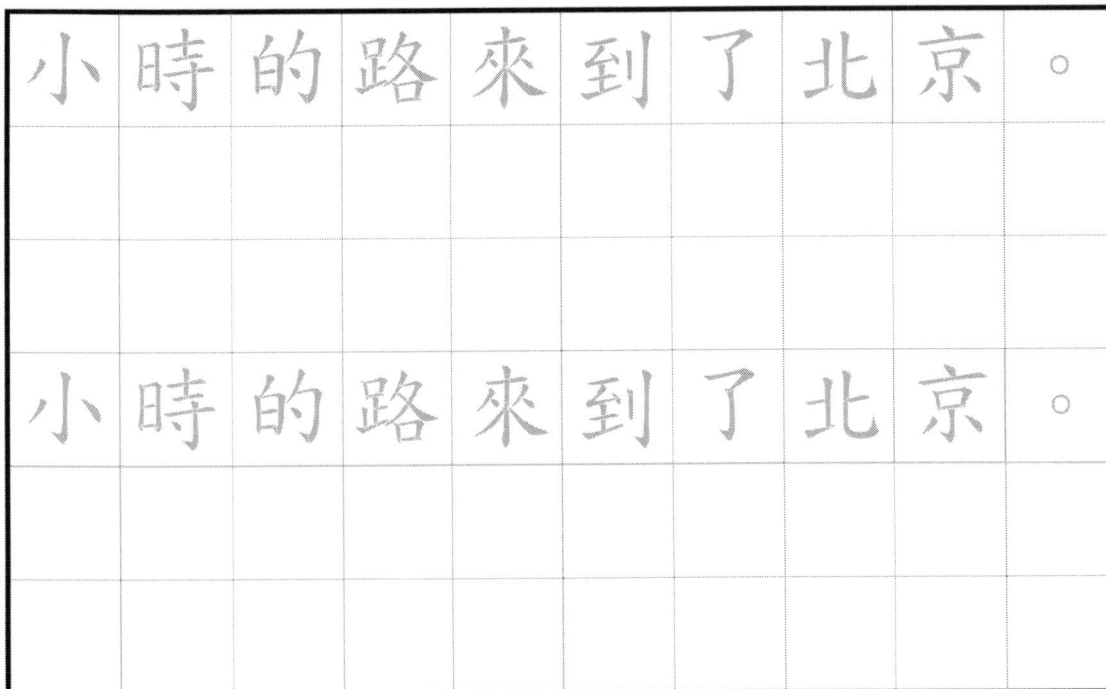

他走了 10 個小時的路來到北京。
tā zǒu le shí gè xiǎo shí de lù lái dào běi jīng。
He arrived at Beijing after walking 10 hours.

走 路 要 小 心

，開 車 也 要

走 路 要 小 心 ， 開 車 也 要

走 路 要 小 心 ， 開 車 也 要

走路要小心，開車也要小心，說話更要小心！

zǒu lù yào xiǎo xīn，kāi chē yě yào xiǎo xīn　，shuō huà gèng yào xiǎo xīn！

We have to be alert while walking. Also we have to be alert while driving. Especially, we have to be alert while speaking.

小 心 ， 說 話

更 要 小 心 ！

小 心 ， 說 話 更 要 小 心 ！

小 心 ， 說 話 更 要 小 心 ！

過馬路時，

要小心車子

過馬路時，要小心車子

過馬路時，要小心車子

過馬路時，要小心車子！
guò mǎ lù shí，yào xiǎo xīn chē zǐ ！
Be cautious about vehicles while crossing the road!

！	你	要	説	一
説	自	己	的	意

！	你	要	説	一	説	自	己	的	意
！	你	要	説	一	説	自	己	的	意

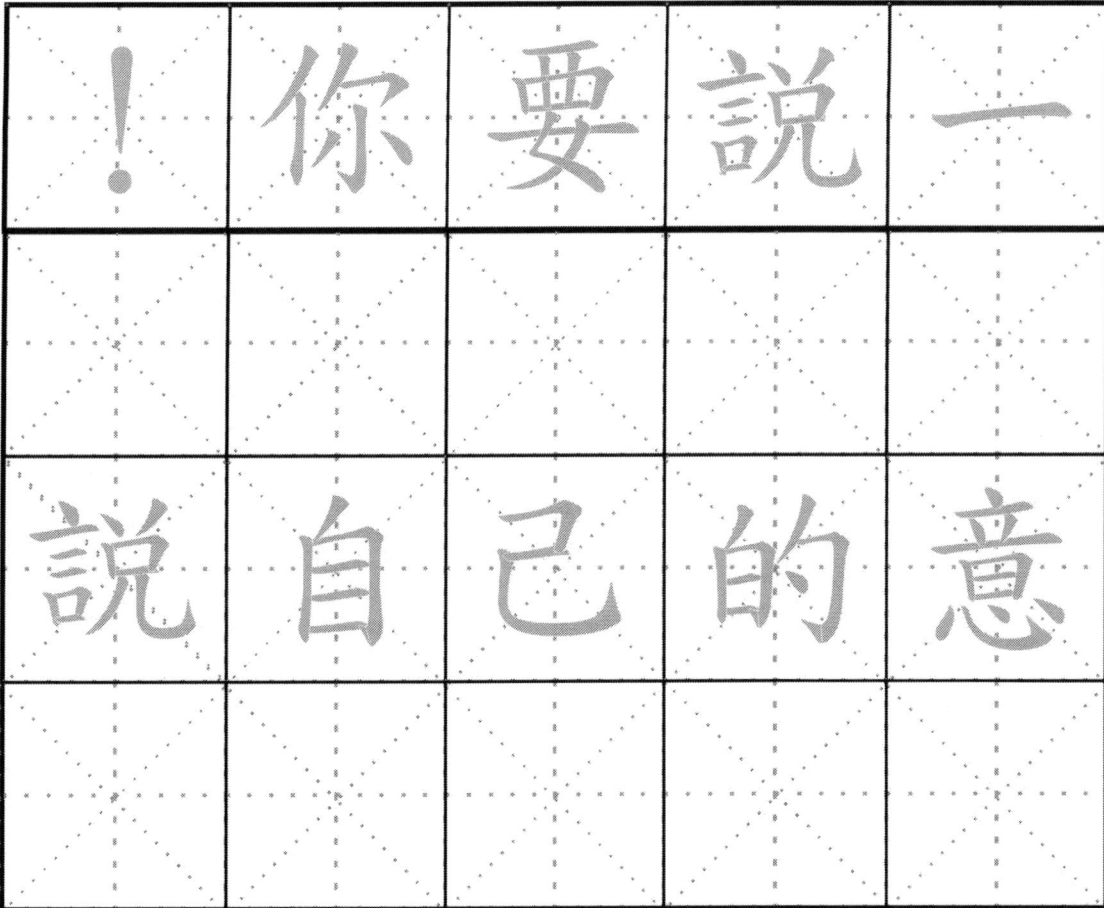

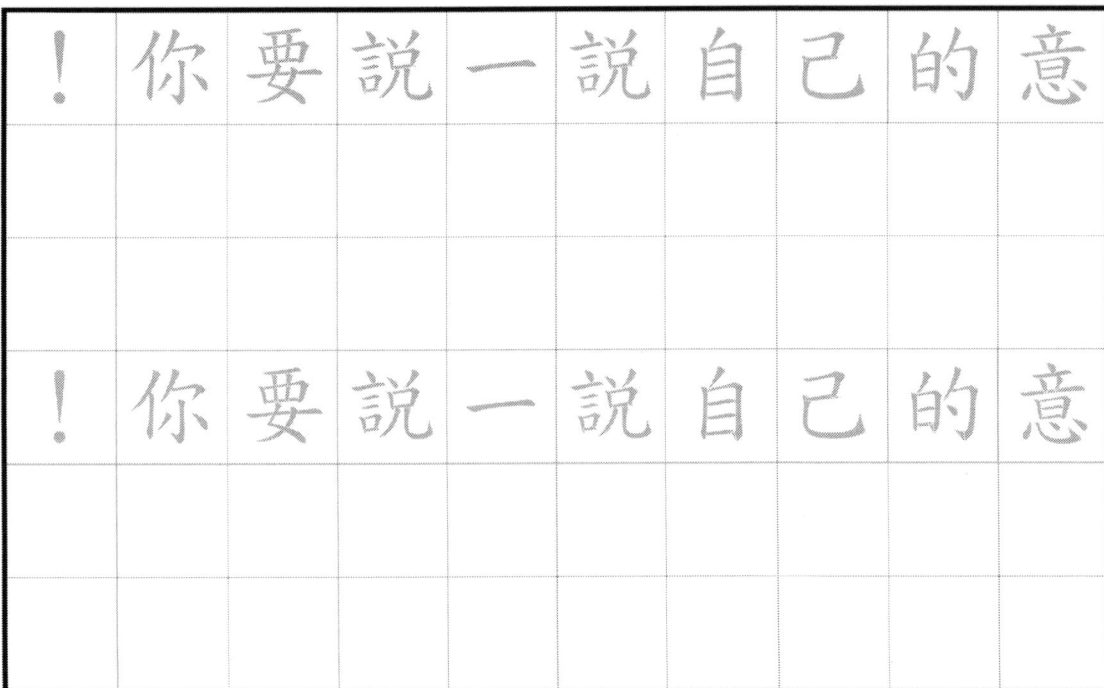

你要說一說自己的意見嗎？ nǐ yào shuō yì shuō zì jǐ de yì jiàn ma？
Would you like to talk about your own opinion?

見	嗎	？	他	走
過	了	風	風	雨

見	嗎	？	他	走	過	了	風	風	雨
見	嗎	？	他	走	過	了	風	風	雨

他走過了風風雨雨人生路。

tā zǒu guò le fēng fēng yǔ yǔ rén shēng lù 。

He lived the ups and downs in the road of life.

雨	人	生	路	。
你	知	道	他	是

雨	人	生	路	。	你	知	道	他	是
雨	人	生	路	。	你	知	道	他	是

誰 嗎 ? 我 知

道 他 是 誰 !

誰 嗎 ? 我 知 道 他 是 誰 !

誰 嗎 ? 我 知 道 他 是 誰 !

你知道他是誰嗎？我知道他是誰！

nǐ zhī dào tā shì shuí ma？wǒ zhī dào tā shì shuí。

Do you know who he is? I know who he is.

他 們 是 誰 ？

這 兒 發 生 過

他 們 是 誰 ？ 這 兒 發 生 過

他 們 是 誰 ？ 這 兒 發 生 過

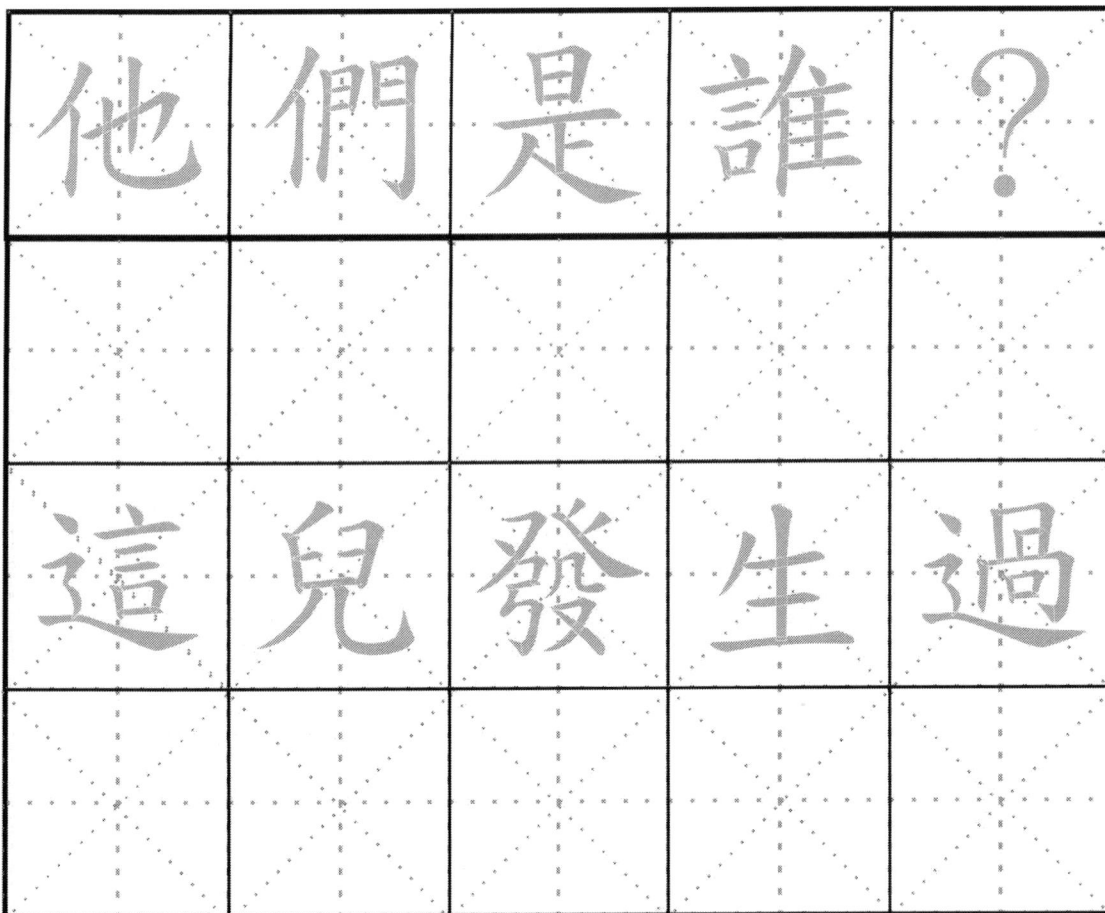

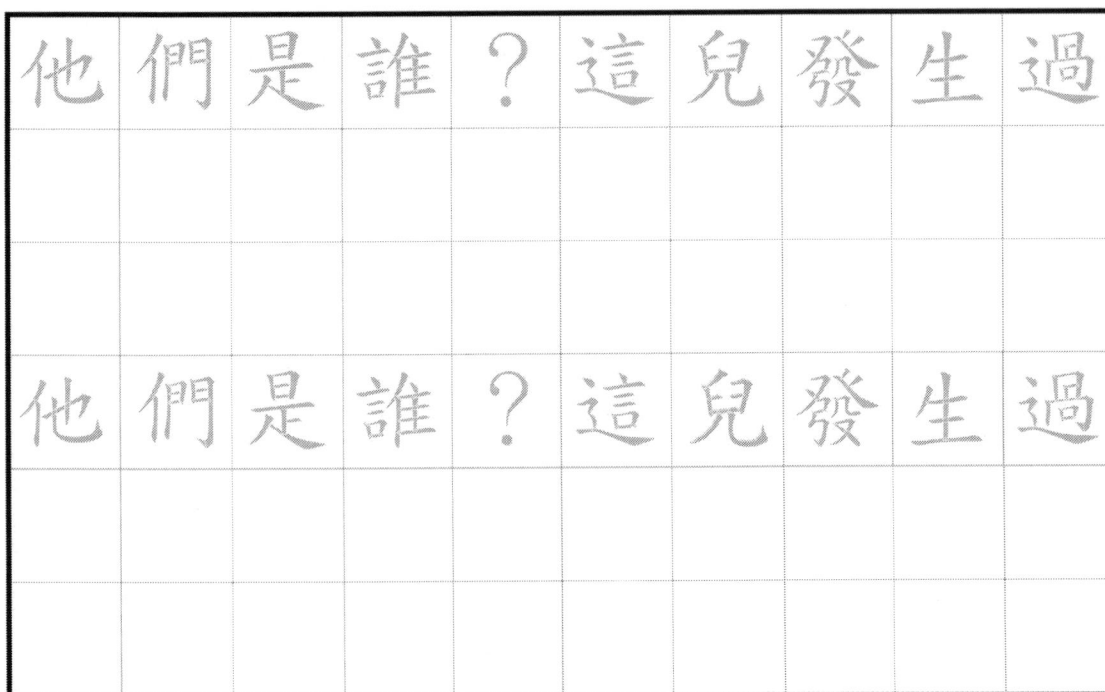

他是誰嗎？ tā shì shuí? Who are they?

這兒發生過森林大火嗎？
zhè ér fā shēng guò sēn lín dà huǒ ma？ Did a forest fire breakout here?

森 林 大 火 嗎

？ 失 火 了 ！

森林大火嗎？失火了！

森林大火嗎？失火了！

失火了！ shī huǒ le
A fire breaking out!

你 知 道 車 子

是 誰 的 嗎 ？

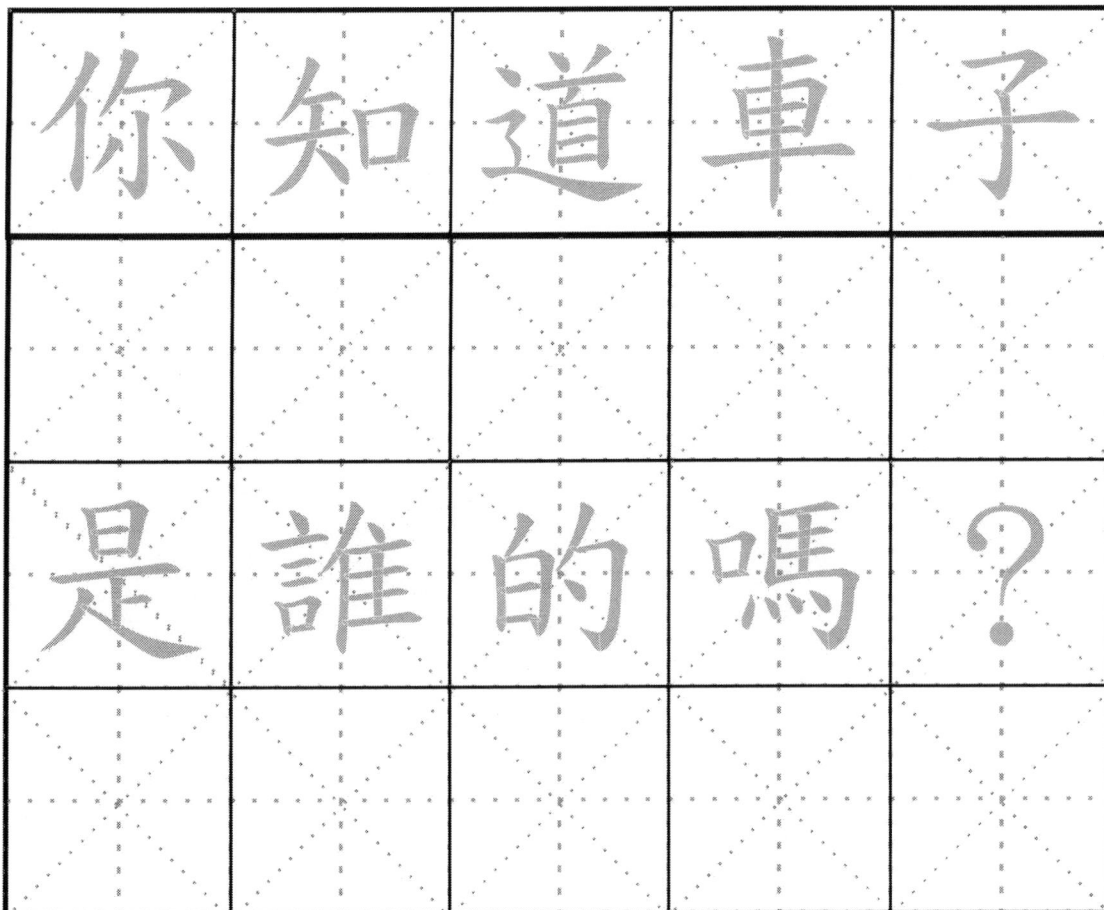

你 知 道 車 子 是 誰 的 嗎 ？

你 知 道 車 子 是 誰 的 嗎 ？

你知道車子是誰的嗎？
nǐ zhī dào chē zǐ shì shuí de ma ？
Do you know whose vehicle this is?

我	倜	一	起	照
個	相	好	嗎	？
我	倜	一	起	照
個	相	好	嗎	？

我 倜 一 起 照 個 相 好 嗎 ？

我 倜 一 起 照 個 相 好 嗎 ？

我們一起照個相好嗎？ wǒ men yì qǐ zhào ge xiàng hǎo ma？ *Should we take a photo together?*

我們一起照個相！ wǒ men yì qǐ zhào ge xiàng！ *Let's take a photo together?*

我	為	你	照	個
相	嗎	？	你	要
不	要	在	大	樹
下	照	個	相	！

我	為	你	照	個	相	嗎	？	你	要
不	要	在	大	樹	下	照	個	相	！

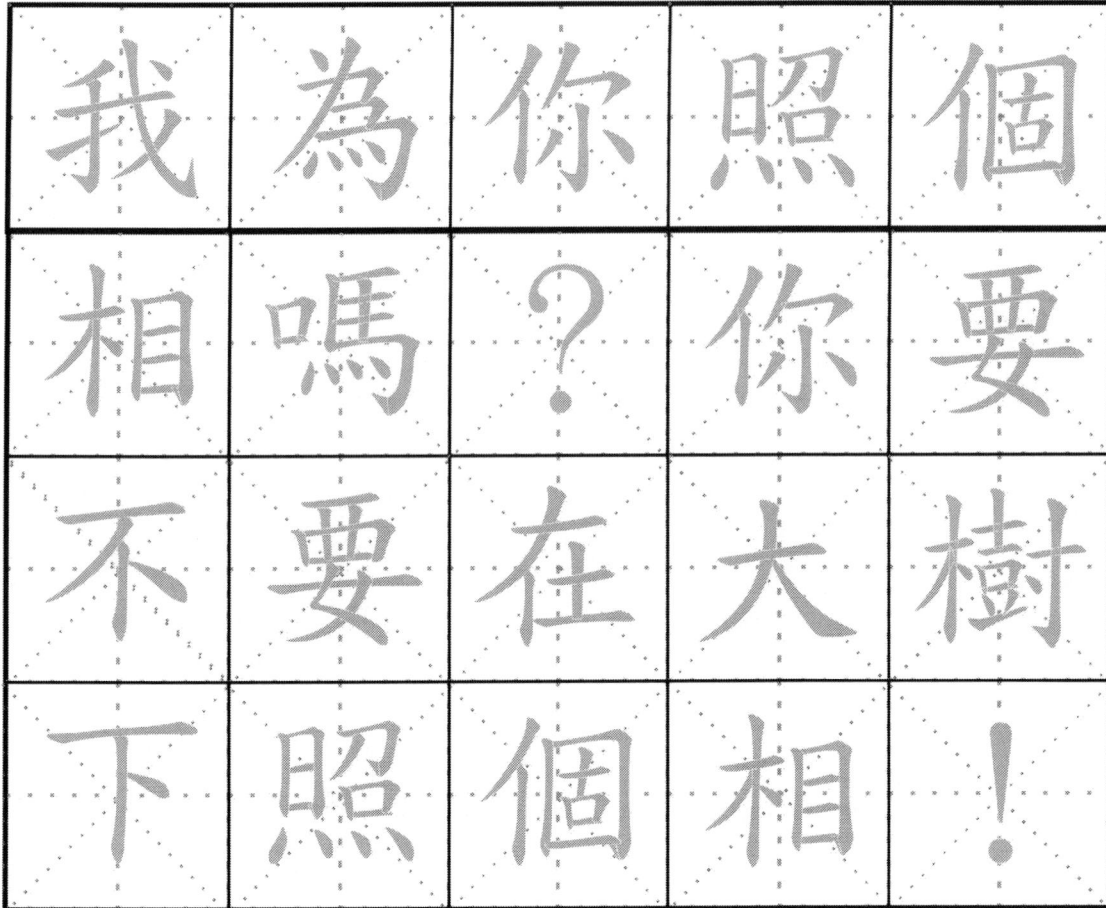

你要我為你照個相嗎？你要不要在大樹下照個相！

nǐ yào wǒ wéi nǐ zhào ge xiàng ma？nǐ yào bú yào zài dà shù xià zhào gè xiàng!

Do you want me to take a photo for you? Do you want to take a photo under the tree?

我	看	過	他	上
個	月	在	北	京
照	的	相	了	⊙
你	看	過	嗎	？

我	看	過	他	上	個	月	在	北	京
照	的	相	了	，	你	看	過	嗎	？

我看過他上個月北京照的相了！你看過嗎？

wǒ kàn guò tā shàng ge yuè běi jīng zhào de xiàng le !nǐ kàn guò ma?

I have seen his photos taken in Beijing last month. Have you seen them?

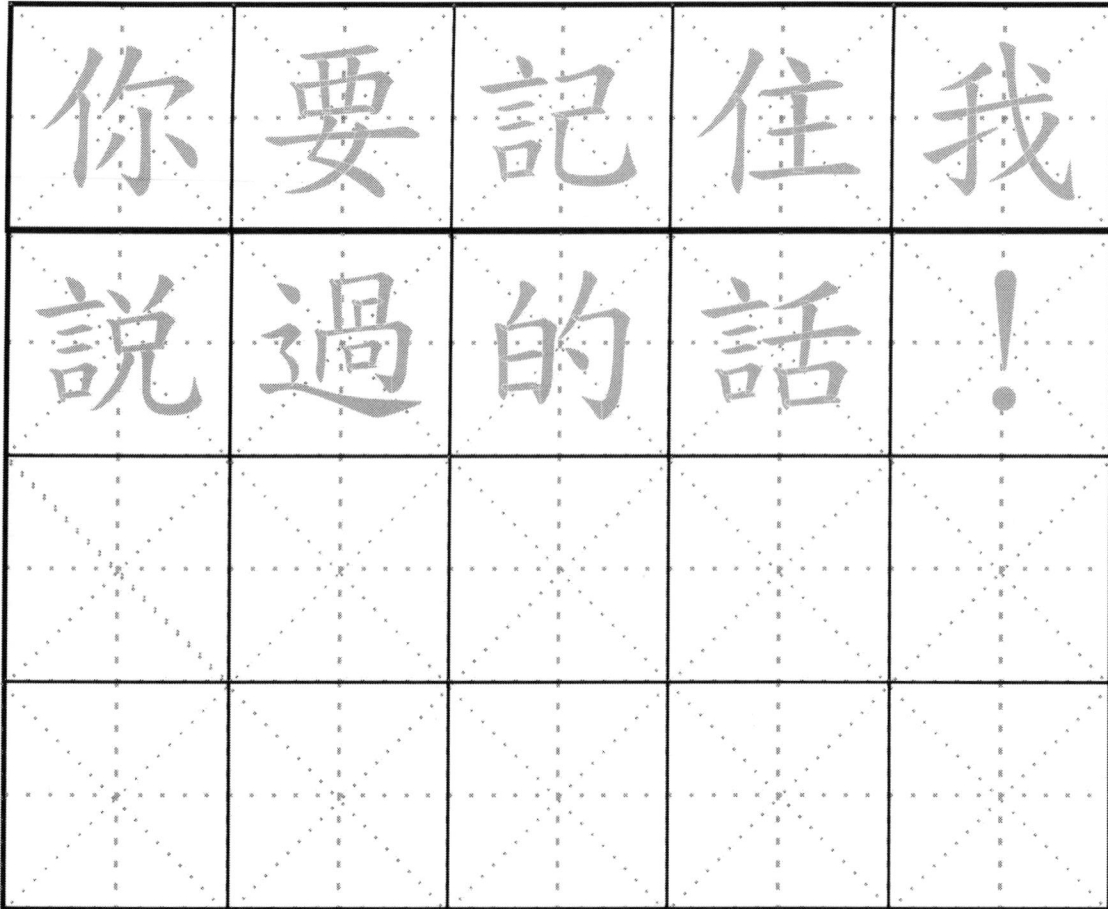

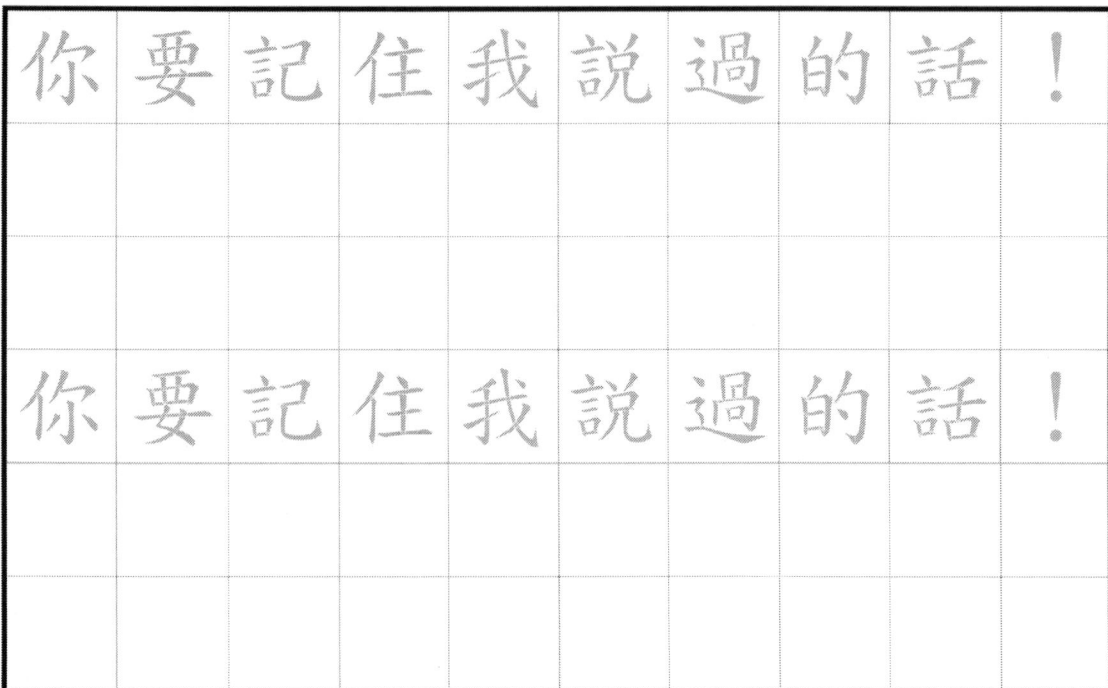

你要記住我
說過的話！

你要記住我說過的話！

你要記住我說過的話！

你要記住我說過的話！

nǐ yào jì zhù wǒ shuō guò de huà!

You must remember what I said.

Printed in Poland
by Amazon Fulfillment
Poland Sp. z o.o., Wrocław

58473994R00054